高等职业教育新形态系列教材·教育类

美术基础与手工制作

主　编　赵龙飞　姜　健　刘振敏
副主编　王　淼　赵　娴　黄成柱　袁华国　姜红松
参　编　李迎晓　陶香凝　步全坤　赵　真

北京理工大学出版社
BEIJING INSTITUTE OF TECHNOLOGY PRESS

内容简介

本书紧密结合当前学前教育实际和未来发展的趋势，针对幼儿教师岗位核心素养中的手工技能进行需求分析，详细介绍幼儿园实用美术基础知识以及手工制作工艺和方法，内容丰富、案例经典、图文并茂、操作性强、重点对手工实际操作技能掌握和设计意识培养，具体内容包括：手工制作概述，造型与手工制作，色彩与手工制作，图案与手工制作，平面纸工造型，立体纸工造型，手工编织，泥工，布艺制作，手工制作与幼儿园环境创设十个模块内容。本书能有效引导学生系统地了解和学习造型、色彩、图案与手工制作之间的联系及应用。本书具有一定的师范性、实践性、实用性、时代性。

本书紧密结合学前教育的特点，从培养未来幼儿教师的目标出发，注重教材的实用性、趣味性和可读性，最大特色是优化了教学内容：一方面突出学前儿童美术基础性的特点，加强学生对学前儿童美术基础课程的了解，掌握学前儿童美术基本理论、基本表现方法并形成相应的技能；另一方面，突出了手工制作实践性的特点，引导学生初步学习手工制作的方法、步骤、成型规律，各种材料的开发和使用。

本教材主要作为本科、高职高专院校学前教育专业教材，也可作为幼儿教师、早教机构教师的继续教育、职前培训教材或参考用书。

版权专有　侵权必究

图书在版编目（CIP）数据

美术基础与手工制作 / 赵龙飞，姜健，刘振敏主编． -- 北京：北京理工大学出版社，2022.1（2024.1 重印）
ISBN 978 - 7 - 5763 - 0839 - 6

Ⅰ．①美… Ⅱ．①赵… ②姜… ③刘… Ⅲ．①学前教育 - 手工课 - 高等学校 - 教材 Ⅳ．① G613.6

中国版本图书馆 CIP 数据核字（2022）第 010908 号

责任编辑：吴　欣	文案编辑：吴　欣
责任校对：周瑞红	责任印制：施胜娟

出版发行 / 北京理工大学出版社有限责任公司
社　　址 / 北京市丰台区四合庄路 6 号
邮　　编 / 100070
电　　话 /（010）68914026（教材售后服务热线）
　　　　　（010）68944437（课件资源服务热线）
网　　址 / http://www.bitpress.com.cn
版 印 次 / 2024 年 1 月第 1 版第 3 次印刷
印　　刷 / 定州市新华印刷有限公司
开　　本 / 787 mm × 1092 mm　1/16
印　　张 / 10.25
字　　数 / 240 千字
定　　价 / 49.50 元

图书出现印装质量问题，请拨打售后服务热线，负责调换

前 言

手工制作是基于传统与现代手工艺术的一种培养创新设计思维和脑手协调能力的实践活动，手工制作课程是幼儿园教学的主要内容之一，是锻炼幼儿脑眼手协调发展的方法之一，是培养幼儿动手能力的途径之一，是培养幼儿协作精神与独立解决问题能力的手段之一。手工制作能够培养幼儿由抽象思维向具象思维转变，进而影响到幼儿逻辑思维的萌发。针对如此重要的课程，幼儿教师在专业学习的过程中应当加强学习与训练，不管是手工制作的技能应用还是理论方法都要熟练掌握，为幼儿手工制作教学打下坚实的基础，使自己今后能够在教育教学中根据需要制作大量的玩具、教具，合理进行幼儿园环境创设。手工制作的理论学习、技能训练与美术的造型、图案、色彩等课程有着密切的联系，其教学方法跟绘画、雕塑、工艺美术、建筑艺术等有很多相似之处，但是手工制作教学又有其特殊性，如何把握材料特性？如何创造艺术形象？如何顺应时代？如何结合区域环境、季节、节日？主题是什么、目的要求又是什么？在实际教学与训练中，应以培养哪方面的意识、能力、素养为主？另外，预估教学活动效果、设计课题目标，并灵活把握活动的主旨不偏离也是有较大难度的。以上种种问题，教师应如何较好地解决呢？

《美术基础与手工制作》这本教材本着让学前教育学生学习手工制作的理论、制作方法、学科通联融合应用、主题与目标切合、作品与环境创设等系统的知识的目的进行编写。编写组老师都有着多年的教学经验，经常深入幼儿园一线教学，梳理了幼儿园手工制作活动存在的现实问题，并指导一线幼儿教师解决了一些实际教学问题，合作研究了相关的课题与教改项目，呈现出良好的教育教学效果。针对学前教育专业教学与实践探究验证，编写组老师根据《幼儿园教师专业标准》《幼儿园新入职教师规范化培训实施指南》《学前教育专业人才培养方案》等文件要求，理论联系实际，着重于美术基础与手工制作的理论联系、手工制作的典型方法与基本规律、手工作品在环境创设中的应用等内容进行编写，主要项目包括平面纸工、立体纸工、泥塑、绳编、布艺等适合幼儿学习的手工制作课程，从众多项目中优中选优，精心编创手工制作步骤、示范视频等四十余例，配套资料种类齐全、内容丰富。

党的二十大报告提出"推进文化自信自强，铸就社会主义文化新辉煌"，在此指引下，我们选用中国非遗优秀文化和优秀的世界文明成果编入教材。同时，本教材还基于以下原则确定内容。选择学前教育专业学生以个人或集体合作的方式参与手工制作活

动、激发创意、激发爱国主义情感和社会责任感，把思政融入教材、融进课堂放在首位；选择手工制作语言及其表达方式和方法，使学生能够运用各种工具、媒材进行创作，表达正确的思想与情感，美化环境与生活；选择在手工制作学习过程中，能够丰富视觉、触觉和审美经验，获得对手工制作学习的持久兴趣的内容，精选适合幼儿教师素质提高和可持续发展的双基内容，帮助学生形成基本专业素养；选择在学习作品欣赏和评析的方法过程中，能够提高学生审美能力、评价能力和指导能力，了解手工制作对文化生活和社会发展的独特作用的内容；根据幼儿教师的职前教育需求选择内容；选择能适应现代社会生活和生产需求的内容，使学生能将所学服务于社会生活。

本教材的编写得到了国家教育部门的支持，并在编写过程中得到了中央美术学院、山东工艺美术学院、鲁东大学、泰山学院专家、学者的大力支持，致以衷心感谢。以烟台幼儿师范高等专科学校的手工制作专家、老师为编写主体，在与贝玛教育合作的基础上，经过三年多时间的编写组稿、推广实践论证，取得了理论与实践基础，利用各种教学新媒体进行融会贯通，得到了能够提高教学效率的应用经验，在此基础上精挑细选内容，编写了本教材。

编写组人员及分工如下。由赵龙飞负责整书编写的规划设计、统筹审订稿件，并负责第1、3模块的编写；姜健负责第5模块的编写；刘振敏负责第6模块的编写；王淼负责第7、8模块的编写；赵娴负责第10模块的编写；黄成柱参与第1、2、3模块的编写；袁华国负责第2模块的编写，参与第5、6模块的编写；姜红松参与第1、2、10模块的编写；李迎晓负责第9模块的编写；陶香凝负责第4模块的编写；步全坤参与第4、10模块的编写；赵真参与第9模块的编写。

三年多来，编写组老师夙兴夜寐，精诚合作，共同努力，才保证了教材编撰工作的顺利进行。由于水平有限，难免有疏漏和不足之处，敬请广大读者批评指正。

编　者

目　录

模块 1　手工制作概述 ·· 001

　　任务 1　手工制作溯源 ·· 002
　　任务 2　手工制作与学前教育 ·· 003

模块 2　造型与手工制作 ·· 006

　　任务 1　造型基础知识 ·· 007
　　任务 2　造型的分类 ··· 011
　　任务 3　立体造型在手工制作中的运用 ··· 015

模块 3　色彩与幼儿手工制作 ·· 019

　　任务 1　色彩基础知识 ·· 020
　　任务 2　色彩与幼儿情感 ·· 025
　　任务 3　色彩与幼儿心理发展 ·· 030
　　任务 4　色彩在手工制作中的应用 ·· 034

模块 4　图案与手工制作 ·· 038

　　任务 1　图案的起源与发展 ··· 039
　　任务 2　图案的形式美法则 ··· 045
　　任务 3　图案变化的表现方法 ·· 050
　　任务 4　图案的组织构成形式 ·· 055
　　任务 5　图案在手工制作当中的应用 ·· 063

模块 5　平面纸工造型 ··· 066

　　任务 1　剪纸艺术 ·· 067
　　任务 2　剪贴画艺术 ··· 076

  任务 3 平面纸工作品欣赏 ………………………………………………… 080

模块 6 立体纸工造型 … 082

  任务 1 纸圆雕 …………………………………………………………… 083

  任务 2 纸浮雕 …………………………………………………………… 086

  任务 3 纸卷 ……………………………………………………………… 090

  任务 4 作品欣赏 ………………………………………………………… 092

模块 7 中国结编织 … 095

  任务 1 中国结的工具和材料 …………………………………………… 096

  任务 2 中国结的类别 …………………………………………………… 097

  任务 3 中国结的表现形式及技法步骤 ……………………………… 099

模块 8 泥塑 … 105

  任务 1 泥浮雕 …………………………………………………………… 106

  任务 2 泥圆雕 …………………………………………………………… 109

  任务 3 泥塑作品欣赏 …………………………………………………… 112

模块 9 布艺制作 … 115

  任务 1 布艺概述 ………………………………………………………… 116

  任务 2 布艺手工种类 …………………………………………………… 120

  任务 3 布艺手工制作实例 ……………………………………………… 126

模块 10 手工制作与幼儿园环境创设 … 137

  任务 1 手工制作在幼儿园环境创设中的意义和作用 ……………… 138

  任务 2 幼儿园环境的创设 ……………………………………………… 140

参考文献 … 155

模 块 1

手工制作概述

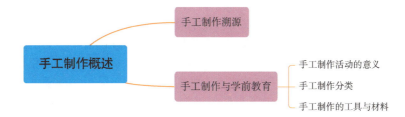

学习目标

了解手工制作的发展渊源；掌握手工制作在学前教育活动中的现实意义。

重点

手工制作的概念及其在学前教育活动中的现实意义。

难点

如何实现手工制作课程在幼儿园教育教学中的价值。

任务 1 手工制作溯源

在人类数千年的历史中，日常生活中的衣食住行的所有人造物，无一不是来自手工制作。手工制作即手工作品的特有制作方法与制作艺术，也称为手工艺、手工。传统手工艺是文化的母体之一，是民族情感、个性特征和民族凝聚力的载体，是世界民族文化艺术的瑰宝，也是人类文化多样性的一种体现。手工工艺美术是生产者的艺术，它出自民间，服务于民，将实用和审美融于一体，带有物质和精神的双重性，在社会、经济、文化、教育和政治等诸多方面都有着重要的意义。

手工制作源于人们对物质生活和精神生活更高需求的生产创造和审美追求，是实用与装饰的统一、技术与艺术的融合。

原始社会的人们处于因自然的超人力量而产生的原始宗教观念中，原始社会的手工制作在创作上是实用和装饰的有机统一。生产力低下制约着人们的创造力，也制约着审美能力的提高，较低的生产技术水平限制着艺术的发展。技术对艺术产生巨大的影响，新的风格形成就需要充分运用新的技术条件才能更好地体现其艺术效果。这一阶段随着生产力的提高，人们的手工制作自觉地运用表号性的艺术手法，运用简约的表现方法，突出产品的形象特征，从写实到表号化，从具象到抽象化，丰富了手工艺语言，提高了人们对形式美的感受（见图1-1）。

奴隶社会生产技术的进步也促进了人们手工艺术创作水平的提高。随着阶级的分化，人们崇奉并依赖于天神而维护其思想统治。手工制作首先体现着统治阶级的政治思想，表现为宗教迷信的思想，其工艺装饰纹样往往带有宗教迷信色彩。这一阶段统治阶级四处征战、崇尚武力，手工制作的质量要求结实、耐用，艺术特点具有威严、神秘、慑服的精神力量，表现出等级和秩序的特点，造型多运用庄重而又安定的直线，装饰多采用对称且规整的格式，富有秩序感。其次，体现着统治阶级的生活喜好，从实用出发，统治阶级喜好流行什么就会导致这方面的手工工艺异常发达，如盛行饮酒之风，酒器的制作就会十分发达，木制的、陶制的（见图1-2）、青铜的、玉石的盛酒器具各式各样。

图1-1 新石器时代镂空陶器座

图1-2 商代四面人头型陶器盖

封建社会进一步解放生产力，生产技术得到了长足发展，工艺水平大大提高。虽然依然由神学思想、宗教思想、儒家等思想统治，但生产关系的改善、人们生活水平的提高，生活与审美需求也随之提高，人们逐步认识了自己，并使周围的事物服从于自己的活动。在装饰艺术方面一反过去那种神秘、拘谨、威严的艺术氛围，而体现在多种装饰技法的应用，表现出自由、舒展、情趣的特色，广泛采用人们现实生活中所关注的一切美好事物，贴近生活，面向自然。封建社会前期具有博大清新、华丽丰满的特点，富于情趣化；封建社会中期具有典雅平易的艺术风格，不论陶瓷、漆器、金工、玉雕、家具、服饰等，都以质朴的造型取胜，很少有繁缛的装饰，常采用富于理性的规则的几何纹，朴素无华，颇有一种清淡的美，显得内蕴、恬淡、优雅、含蓄，端庄大方；封建社会晚期统治阶级改革，区域贸易发展、生产分工细化、科技进步，更加讲究材质、做工精细、凸显装饰性，既简朴又华美、既繁复又统一，起初具有质朴、敦厚、典雅的艺术特色（见图1-3），后期受到源于上层贵族审美趣味的以技艺取胜的造物观念的影响，艺术性进一步强化，艺术风格日趋矫饰雕琢、精致繁缛（见图1-4）。

近现代社会，资本主义机械化大生产提高了人们生活和生产水平，手工业在不断的冲击下破产，传统手工艺濒临人亡艺绝的境地，手工制作艺术的发展举步维艰。随着经济的大发展和社会的进步，人们认识到很多手工艺产品是机器生产无法完成的，不管是政府还是民间都及时地对手工艺进行保护，手工制作在传承传统工艺的同时不断糅合现代工业化生产的优势改进发展，手工制作作品越发具备独特性、艺术性、观赏性（见图1-5）。

图1-3 黄花梨独板围子罗汉床

图1-4 犀牛角雕

图1-5 莱州草辫作品

任务 2 手工制作与学前教育

一、手工制作活动的意义

手工制作是基于传统与现代手工艺术的一种培养创新、设计思维和脑手协调能力的实践活动。手工制作是幼儿园教学的主要内容之一，是锻炼幼儿脑眼手协调发展的方法之一，是培养幼儿动手能力的途径之一，是培养幼儿协作精神与独立解决问题能力的手段之一。手工制作能够培养幼儿由抽象思维向具象思维转变，进而影响到幼儿逻辑思维的萌发。因此，幼儿教师在专业学习的过程中应加强学习与训练，不管是手工制作的技能应用还是理论方法都要熟练掌握，为幼儿手工制作教学打下坚实的基础，今后能够在教育教学中根据需要制作大量的玩具、教具，合理进行幼儿园环境创设。手工制作的理论学习、技能训练与美术的造型、图案、色彩等课程内容有着密切的联系，教学方法跟绘画、雕塑、工艺美术、建筑艺术等有很多相似之处，但是手工制作教学又有其特殊性。在对幼儿的教育过程中，需要增加幼儿的动手能力，促使幼儿创造能力以及想象能力得到开发。作为学前教育专业的学生只有扎实学好手工制作的基本技法、欣赏和评价方法才能紧密围绕幼儿园手工教学实际，开展形式多样并符合幼儿特点的教学工作，达到学以致用。

二、手工制作分类

手工制作主要从以下两种角度进行分类。

手工制作从造型上可以分为立体造型（见图1-6）和平面造型（见图1-7）。

图1-6　胶东花饽饽

图1-7　剪纸

手工制作从使用材料上可以分为纸工（见图1-8）、泥工（见图1-9、见图1-10）、布艺（见图1-11）、绳编（见图1-12）等。

图1-8　纸工制作

图1-9　泥工制作

图1-10　彩泥制作

图1-11　布艺制作

图1-12　草绳编制

从幼儿园需要来看，主要是以平面纸工造型（如剪纸艺术、纸贴画艺术）、立体纸工造型（如纸圆雕、纸浮雕、纸卷）、手工编织（如基本结）、泥工（如轻黏土造型、陶泥造型）、布艺等为主。

模块1 手工制作概述

三、手工制作的工具与材料

手工制作的工具主要有：剪刀、双面胶、白乳胶、美工刀、针、尺子等。

手工制作使用的材料主要有：卡纸、色纸、蜡光纸、皮纹纸、皱纹纸、海绵纸、吹塑纸、瓦楞纸、布头、麻绳、毛线、轻黏土、陶土、海绵球、魔法玉米粒、彩色毛根、冰棒棍、各种废旧盒子、奶粉桶、吸管、旧挂历、棉花、颜料、排笔、调色盘、水彩笔、油画棒等。

在具体的手工制作中，应根据每一种手工制品的需要选择适用的工具。

【习题】

1. 根据自己对幼儿园手工制作教学的了解，探究哪些手工适合幼儿？作为学前教育专业的学生应该以什么样的态度学习手工制作？
2. 请你总结一下手工制作对学前教育专业学生能力提高有什么帮助？
3. 请你探究一下手工制作对幼儿的身心发展有什么作用？

 知识拓展

泥塑作为一门古老的民间手工艺术，其取材方便、可塑性强、想象空间大、艺术成分高，传承至今并备受人们喜爱。在幼儿园的教育教学活动中，泥塑是幼儿艺术活动中相对容易操作的活动。幼儿处于快速生长阶段，肌肉发展不是很灵活，创作意识也不强烈，这时的他们对可塑性强、变化多的泥塑材料却十分感兴趣。更重要的是玩泥能给孩子们带来无限快乐，他们在玩泥的过程中不仅能手脑并用，促使视觉、触觉和动觉之间协调配合，更能启发幼儿的想象思维，激发幼儿的创造能力、思维能力及语言表达能力。

小 结

1. 学习手工制作溯源让学生明白了人民是历史文化的创造者，初步了解手工艺术的发展渊源与脉络。
2. 通过案例分析让学生明白手工制作在幼儿园教育教学中的意义，以及对幼儿身心发展的作用。

模块 2

造型与手工制作

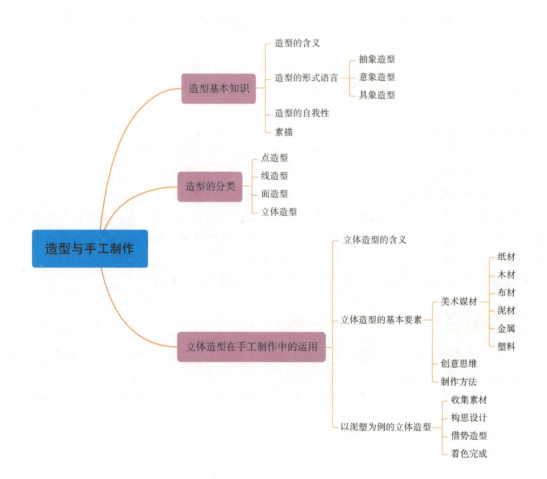

模块 2　造型与手工制作

学习目标

1. 了解造型基础知识，通过鉴赏优秀作品和教师引导来掌握相关造型语言知识，使学生具备运用相应的造型能力和不同的表现手法创造有意味的立体造型手工。

2. 在实践过程中，使学生手、眼、脑达到协调，培养学生的身体动觉智能；进行创意构思，增强学生构建立体思维的意识，提高学生的创造力。

重点

通过参与学习立体造型手工制作实践活动与理论的梳理总结，提高学生对造型的认识，培养学生的创造性思维和丰富的想象力。

难点

运用不同素材，根据不同材料的特殊美感制作出精美的立体造型手工作品，形成热爱学前教育专业的价值观，养成积极向上的心态，为以后的幼儿教学奠定良好的基本技能和基础知识。

任务 1　造型基础知识

一、造型的含义

"造型"顾名思义是塑造艺术形象。"型"与"形"之间的区别在于"型"偏向立体空间的形态表达，而"形"则偏向于平面的外轮廓。前者不仅有形而且有状，后者倾向于剪影效果。

二、造型的形式语言

造型的形式语言大致可以分为抽象造型、意象造型和具象造型三种。

1. 抽象造型

抽象造型是相对于具象造型而言，是指对客观物象作主观的提炼、夸张、变形、分解、重组，并重新赋予其新的意义。抽象造型作品具有无法明确指认和对应形象的特点，是对客观物象本质因素的抽取。抽象造型突破传统艺术造型必须遵循如实再现自然的传统观念，追求一种纯粹的抽象形态，排斥图解式看图说话的表现手法。抽象造型（见图 2-1、图 2-2）所构建的艺术形态有两种：一是以点、线、面为基本造型元素；二是以情感为基础，创作有机、浪漫、几何、古典的艺术作品，其中包含了冷抽象与热抽象。

图 2-1　毕加索《立体主义素描》　　图 2-2　康定斯基《抽象素描》

2. 具象造型

具象造型是指未经提炼、概括、艺术加工的自然形态原型，即写实造型，表现方式即观察自然、模仿自然、如实再现自然，具有现实性、客观性、场景性、叙事性、典型性的特征，一般通过写实、特写、结构造型三种方法来如实再现自然客观物象（见图 2-3、图 2-4）。

图 2-3　菲钦《人物头像》　　图 2-4　安格尔《半身素描》

3. 抽象造型

抽象造型与具象造型是美术表现形式的两端，那么处于这两端之间的是意象造型。意象是情与景的交融，不是停留在主体头脑中的表象，也不是对客观物象外部形态的直接描绘。意象造型是主体对客观物象做出适当的取舍、夸张和变形，妙在于似与不似之间（见图 2-5、图 2-6）。

图 2-5　周思聪《矿工图》　　图 2-6　周思聪《雨中》

模块2 造型与手工制作

以上三种造型语言之间的联系既相对独立也互相依存，是对同一客观物象进行不同观察与思考而产生的不同表现手段。

三、造型的自我性

在造型的训练中，理性的分析至关重要，潜意识和自由联想起重构和整合作用，造型的自我性具有"自恋情结"，能够挖掘心灵抽象的真实，是一种虚拟的真实。造型既不是如实记录，也不是肆意胡来，直觉的"性"经过有追求的"造"，才能升华为具有绘画性意味的"型"。

四、素描

素描，顾名思义就是朴素的描写，是一门独立的造型艺术，是使用单一的颜色来表现对象的绘画方式。素描在美术课程中是最基础性的课程，可以解决最为重要的造型基本功问题。素描是一种单纯的绘画手段，包括明暗素描、结构素描和速写三种主要练习造型形式。素描的实践不仅包含了造型能力和明暗光影表现能力的训练，而且包括了对学生审美能力和创新能力的培养。

1. 明暗素描

明暗素描是一种全因素素描，讲究三大面五大调子。注重光对客观物象的影响，以强调黑白灰关系和质感为表现目的（见图2-7、图2-8）。

图2-7 赵龙飞《莫里哀头像素描》

图2-8 赵龙飞《柱头》

2. 结构素描

结构素描，要求透过客观物象的表面，运用透视原理，经过理性的分析和仔细的观察，深入表现客观物象的内在连贯和被遮挡的结构。结构素描以弱化光影而强调理解、剖析形体结构为目的，采用简洁明了的线条为主要的表现手段，能够训练学生的三维空间想象力（见图2-9、图2-10）。

图 2-9　《石膏写生 1》　　　图 2-10　《石膏写生 2》

3. 速写

速写，顾名思义就是快速描写的方法。速写不仅是一种造型手段，也是一门独立艺术，是便于快速记录生活的手段。速描能培养敏锐的观察能力，也能快速提升造型能力与提炼概括的表现能力。从西方传入的是造型严谨、科学、讲求透视规律的速写，而中国是传统的线描，如人物画中的"十八描"，讲求散点透视，主要以毛笔为主要绘画工具。速写在造型中起快速、准确、简洁、提炼、概括的作用，亦能快速转化为简笔画（见图 2-11、图 2-12）。

图 2-11　袁华国《人物写生》　　　图 2-12　袁华国《娥庄秋景》

【习题】

造型的语言形式分类有哪些以及分别有何含义？

模块2 造型与手工制作

任务 2 造型的分类

一、点造型

手工制作里面运用点造型具有代表性的是种子粘贴画（见图2-13~图2-16），点是手工制作形态要素之一，是构成线、面、体的基础，是形态要素中最小的形态，富有玲珑、活泼的独特效果。纯粹以点构成的作品较少，因为形态太小，组构造型的表现力较弱。点必须借助于支撑物，如硬质材料的支撑和软质材料的悬挂才能完成。

图2-13　种子粘贴画《房子》　　图2-14　种子粘贴画《猫》　　图2-15　种子粘贴画《小狗》　　图2-16　点造型《同心圆》

种子画的制作步骤如下：

第一步：底板的选择。首先要想好画的内容，再选择底板的颜色，也可以根据种子的颜色选择底板的颜色。

第二步：设计底稿。首先要想好画的内容，比如小狗，在底板上轻轻地画出它的轮廓线，定好位置。

第三步：选择种子。准备各种种子，如大米、小米、绿豆、红小豆、黄豆、玉米等。各种种子都有各自的大小、颜色、肌理特征，如体积大小、轻薄程度、表面的粗糙和细腻程度以及色彩都各不相同。因此要合理运用材料，根据画面的需要，选择合适的材料与颜色。

第四步：涂胶水。用毛笔沿着轮廓涂上胶水。

第五步：贴种子。选择需要粘贴的粮食，调整完成。

二、线造型

粗细限定在一定的范围之内、并能表达长度和轮廓特性的，都可以称为线。线，因为其粗细、长短、软硬、曲直的不同，会给人带来不同的视觉心理感受。粗线给人以刚健有力的感觉，而细线使人产生纤小、含蓄的感觉；直线给人正直、张力的感觉，而曲线会给人带来柔美、流动的感觉；光滑的线条会给人细腻、温柔的感觉，而粗糙的线条会给人以粗犷、古朴的感觉。因此，对不同质感线的选择，所呈现的立体造型整体效果的表达是不同的（见图2-17~图2-21）。

刺绣手工大致步骤如下：

（1）选样。首先定好刺绣花样，把想绣的花样画下来。

（2）定绣布。用绣架把绣布固定起来，用针线缝起四边，以便于在绣的时候绷紧不变形。

（3）描样。把想画的花样用黑色铅笔或者白粉笔轻轻描在绣布上，以便于绣的时候按照画的样子绣，不会走样。

图2-17 线造型《花卉刺绣》

图2-18 线造型《小草刺绣》

图2-19 硬度线造型《木船》

图2-20 线造型《鞋垫刺绣》 图2-21 硬质线造型《木材手工》

（4）取样对色。拿着花样，在众多的绣线中对比颜色，把适合花样颜色的绣线挑出来，往往一种颜色要用同色系的好几种渐进色来表现，绣出来的颜色才会圆润。

（5）取线。取线就是从选中的颜色中，取出适合粗度的绣线来穿针。粗度由绣线本身来分，一束完整的绣线叫作一绒，分开一半叫作半绒，最细的可分成十六分之一，大概和头发一般细，叫作一丝。绣乱针时常常要用到一绒，因为要制造厚实的质感；绣人物勾边时常常用到四分之一绒；而最细的针法则要用一丝，这要用到比较高的技巧，通常表达人物的头发等图案时才用到。但这正是区别人绣和机绣的方法，因为机绣无法绣到一丝这么细。

（6）绣。按照画的样子开始绣，绣的针法有平针、套针、乱针。在线头线尾处的藏线要小心做好。剪线的时候要注意用小巧锋利的剪刀，要贴近绣布剪。

（7）裱。精良的绣品必须要保存，因此裱起来是最好的保持方式。要找到专业的裱绣师傅来做这项工作。

三、面造型

所谓面造型，通常指面状即面积比厚度大很多的材料。在几何学上，面是由线的移动轨迹所致，但在现实生活中，由块体切割所形成的面，或由面与面之间的集聚所构成的面随处可见（见图2-22～图2-26）。面的种类很多，但面的外轮廓线最终决定了面的外貌。

剪纸的大致步骤如下：

模块 2　造型与手工制作

第一步：画草图。如果是初学者就要把草图尽量画得细一点，每一笔都要画到位，还要把草图用墨涂成剪纸的效果，这样便于刻制。做到心中有数，刻制时才能得心应手。

图 2-22　面造型《猴子剪纸》　　图 2-23　面造型《兔子剪纸》　　图 2-24　面造型《老鼠剪纸》

图 2-25　面造型《双人皮影》　　图 2-26　面造型《单人皮影》

第二步：装订。这步就是把画稿与色纸固定在一起。装订时要注意不要把图案部分钉上，要钉刻去的部分，这样才能保证整幅剪纸作品完整。

第三步：刻制。在刻制当中要注意刀法的运用，这样既可省力，又能提高刻制的速度，还能保证剪纸的质量。另外，还要从中间或从最密最细处开始刻，最后刻外缘，这样就不容易摔稿了。

第四步：装裱。剪纸的装裱有多种形式：第一种是镜框装裱，这种装裱法使用的范围最广；第二种是画抽的装裱，这种装裱适合用那些比较粗犷的剪纸作品，因为这些剪纸的图案不容易破损；第三种是册页装裱，这种装裱方法适合于装裱系列剪纸。

四、立体造型

立体造型是一种借助动手制作与材料综合应用的造型形式，是一门具有较强综合性和应用性的实践课程，手工立体造型教学是幼儿美术教学的重要组成部分。以彩塑为例，运用质细、沙少、柔软的黏土，造型大致分为四个步骤。

（1）和泥。干黏土用箩筐筛一遍，除去杂质。

（2）构思。先用铅笔设计草图，也可以先用泥捏出几个造型，反复比较、推敲，最后定型。彩塑是立体造型艺术，主要是运用体积空间来表现，适宜表现各种可爱的和富有情趣的动物或人物造型（见图 2-27~图 2-30）。

(3) 塑性。先捏出大的动态，要注意整体关系，先概括、简练，尽量舍去细节。

(4) 着色。泥坯做好后，需要晾干，不能火烤、曝晒、风吹，只能放在阴凉的地方晾干，最后用水粉、水彩或者国画颜色着色。

图2-27　立体造型《大阿福》

图2-28　立体造型《戏曲人物》

图2-29　立体造型《戏曲人物》

图2-30　立体造型《老虎》

【习题】

用彩泥完成一件泥玩具或者案头摆设。要求：造型简洁明快、质朴有趣，设色浓重艳丽、单纯明快。

知识拓展

彩塑，人们习惯把它称作"泥人"，主要以泥土作为主要材料，经过由粗到细、由表及里的塑形和揉捏，涂上浓艳的色彩，主要以红、黄、蓝、绿、黑为主，加工制作为民间手工艺品。它的制作方法多种多样，最后成品既可以作为玩具把玩，也可作为陈设品观赏，深受人们的喜爱。

民间彩塑，大多用作摆件观赏或者当作玩具，历史悠久、质朴稚趣、造型古朴、雅俗共赏、不事雕琢但求神似，是劳动人民智慧的体现和艺术创造。南北在色彩、造型风格上具有差异性。北方的彩塑色彩艳丽、造型古朴、浑厚端庄、粗犷豪放；南方的彩塑风格则色彩淡雅、色调调和、清秀写实。

模块 2　造型与手工制作

任务 3　立体造型在手工制作中的运用

一、立体造型的含义

立体造型作为一种独特的造型表现形式，受到越来越多的教育者的重视和学生的喜爱。立体造型是一种借助手工制作和各种材料的综合应用的造型形式，它不仅涉及设计应用 领域课程，同时在综合探索和造型表现领域上也有所涉及。

美术又称为造型艺术，通常指绘画、雕塑、工艺美术等。对其释义为："用一定的物质材料塑造可视的平面或立体的形象，反映客观世界具体事物的一种艺术。包括绘画、雕塑、建筑艺术、工艺美术等"。它是一个运用绘画、雕塑、拼贴等手段创作视觉形象的艺术创作活动。

二、立体造型的基本要素

立体造型作为幼儿美术手工制作的基本表现形式之一，主要由美术媒材、创意思维、制作方法三个基本要素组成，三者之间相辅相成。根据不同材料的不同属性，运用相应技法和独特的创意创造不同的立体造型手工作品。

1. 美术媒材

在幼儿美术手工课中，美术媒材对课堂的有效开展有着举足轻重的作用。不同属性的材料决定着学生的造型方式，直接影响学生思想的传达和情感的表现。首都师范大学美术系教授常锐伦先生也说过："手工作业有多种材料，多种加工方式，多种形式和用途。"但是面对教材中出现的如此多的材料，为了便于课堂的教学组织，也便于学生认识和掌握不同材料的制作方法及其特点，并能对其进行更清晰地比较，应在教学中首先从材料角度，对工艺材料进行划分。

从纸材、木材、布材、绳子等到各种废弃物品，都是触手可及的物品，与生活紧密相连。例如，废旧报纸、纸盒、纸筒；家庭常用的饮料瓶、药瓶等废旧塑料瓶；网上畅销的超轻黏土、橡皮泥、褶皱纸、瓦楞纸等。对其进行拼折、贴、撕、剪等，制作出独具特点的作品（见图 2-31～图 2-39）。

在日常生活当中能够引起学生产生创意和动手制作冲动的手工制作材料，是进行手工立体造型活动的要素之一。然而，任何一件完美的手工立体制作作品的完成，都不仅是各种材料的单纯组合，更主要的是创作者根据自己独特的设计构思，适当运用材料，最后倾注在手工立体造型作品上的一种情感体现。材料虽然重要，但它只是一种媒介，通过对材料的形状、颜色、质感的把握，能够加深学生的形象思维和情感喜好的表达，并提升学生的创造性思维。

不同性质的材料，有不同的特点和表现技术，具体如下：

（1）泥材具有柔软、好把握、好塑造，可在塑造的过程中做加减法塑造的特点。儿童适合用橡皮泥、面泥、软陶。其表现技法有捏、搓、接、贴、拉、点、刻、剪。

（2）布材具有质地柔软、图案种类丰富的特点。主要种类有棉布、麻布、毛料、呢绒、皮革、网纱、丝绸等。其表现技法有剪、缝、拼、贴等。

图 2-31　立体造型《毛毛虫》　　图 2-32　纸材造型《小牛》　　图 2-33　纸材造型《花朵》

图 2-34　布材立体造型　　　图 2-35　木材立体造型　　　图 2-36　金属立体造型

图 2-37　塑料立体造型　　　图 2-38　布材立体造型　　　图 2-39　泥材立体造型

（3）木材有重量轻、强度高的特点。主要种类有冰棍棒、废弃木材、牙签等。其表现技法有雕刻、黏合。

（4）纸材种类丰富多样、易塑造。主要种类有牛皮纸、锡箔纸、蜡光纸、宣纸、卡纸、彩色手工纸、报纸等。其表现技法有剪、割、撕、卷、折、卷、贴等。

（5）金属具有色泽突出、质地坚硬等特点。主要种类有铆钉、铁丝，铁片等。其表现技法有组合、拼接等。

在运用以上材料制作立体造型时的辅助工具有剪刀、刻刀、胶水、胶棒、强力胶、钳子等。

2. 创新思维

创造性是人类与生俱来的本能，是一项天生的直觉。人与动物的主要区别之一，就是人类能够进行创造，而动物却不能。特别在现代多元文化社会当中，创造是新时代提出的全面发展的要求之一，艺术的灵魂在于创新，在立体造型手工制作活动中着重培养学生的创新意识和开拓精神具有特殊意义。

创新源自人们对生活的思考与个人经验的结合，还有表达的欲望。

对废旧物品的重新利用、变废为宝或以环保为主题制作立体造型手工工艺品。根据自己的喜好和奇思妙想，可以创造出独特而又美好的新事物。例如，用废旧玻璃瓶、纸盒、塑料瓶等制做花筒和笔筒，有人设计出了造型可爱的动物笔筒；用不同的纸盒或瓶子粘贴、切割拼成机器人玩具；还有用秋天色彩丰富的落叶粘贴的方式巧妙自制漂亮的小画框等。这些学生的创新思维需要在创造性实践活动中慢慢生成和发展，而手工立体造型就是一种具有创新因素的实践性造型活动，它能够拓宽学生的想象力，让学生在动手体验中感受创意，培养学生的创新意识。

3. 制作方法

不仅需要"材美"还需"工巧"，每一件立体造型手工制作工艺品的每一种构思设想，都必须由相应的制作步骤和完美的工艺来实现。仅有奇思妙想不行，还需要有一定的实践能力来制作，在这个过程当中运用创造性思维，借助于熟练的技法，把握不同材料的属性，最终才能传达创作者的所思所想。

各种材料的特性决定了其加工方法和使用的工具，如折叠、剪、刻、粘、编、织等技法，在其基础上又可进行表现效果的特殊技法，制作各种质感、肌理效果。

三、以泥彩塑为例的立体造型教学

1. 材料和工具

让学生感受材料的材质美是学生进行立体造型的一个重要环节。在这过程中学生可以亲身感受到它的可塑性，并在揉、捏、按的过程中体验泥塑带来的神奇乐趣。

材料：黏土，它有质细、柔软、可塑性强的特点。

工具：泥塑刀，可以根据自己的需要自制出大、中、小各种形式的泥塑刀。木材、竹材、塑料、玻璃、金属的都可以，学生用的小刀、剪刀、三角尺也可以利用。

2. 构思设计

带领学生欣赏优秀作品，启发学生的想象力和创造力。教师应该注意诱导学生先从简单几何形体的角度对对象进行观察、分解，用铅笔设计各种稿图，反复比较和推敲。彩塑是用体积来塑造形体、表现主题，儿童适合制作风俗性的案头陈设小品和富有情趣的泥玩具。如果想表现难度较大的复杂造型内容，可以从彩塑适宜于高度集中表现的特点出发，对复杂的内容情节进行提炼和概括，尽量捕抓对象动态最美的一瞬，抓形象的特点与趣味性，不求形似但求神似。

3. 塑形

先捏出大的动态，要注意整体关系，先概括、简练，尽量舍去细节。泥塑玩具的造型讲究转角圆浑，尽量避免带尖锐的棱角。塑造形体时可以大胆运用夸张、变形的手法，巧设空间、借势造型，信手拈来也会出现"点石成金"的效果和质朴、明快的感觉。教师应会巧妙地构想一个空间，帮助学生借助可以触摸到的外在事物，凭直觉经验随形、随势、随地地展开联想，获得创作的灵感。在学生塑造基本形的活动中，学生很容易发现和掌握泥塑制作的一些基本手法，如用手指捏、双手一起搓、在平面上滚动地揉、用手按压、用工具切割以及巧妙利用泥材料的黏性粘等。教师也应该注意在此阶段添加必要的动作示范，教授一些如何利用手以及手指塑造一些简单基本形状的方法。如三角形、方形、心形的制作，一只手的拇指与食指固定一个适合的夹角，配合另一只手捏、按来塑形等，灵活运用手指造型而不借助工具剪切、切割。这一个动作不仅锻炼了学生手与脑的协调能力，同时也能对学生手部的肌肉和骨骼的发展起到促进作用。

4. 着色

泥坯做好后，需要晾干，不能火烤、曝晒、风吹，只能放在阴凉的地方晾干，最后用水粉、水彩或者国画颜色着色。着色的具体步骤如下：

(1) 把晾干的泥坯用湿布自上而下揩擦，使其表面平整，易于上色。
(2) 均匀地涂一层白色，作为底色。
(3) 待底色干后，再涂其他色彩，如大红、大绿、鲜蓝、嫩黄等。
(4) 在色块上勾画细部。彩绘时要运用夸张、装饰的手法，略加点染，不宜复杂，可给人以质朴、明快的感觉。

【习题】

尝试运用不同工具，用身边容易找到的各种素材，用画、撕、剪、粘的方法进行立体组合，体验立体造型手工制作活动的乐趣。

欣赏民间玩具和现代儿童玩具，体味其造型与色彩的特点，感受传统玩具与现代玩具的差异。

小 结

理解造型的基本内涵。在幼儿美术课程中，合理地开展立体造型教学活动，使学生在动手制作中，手、眼、脑达到协调，培养学生的身体动觉智能，对学生各方面智能的培养起到潜移默化的积极作用。将立体造型运用于幼儿美术实践中，鼓励学生表达个人情感和思想，创作关注社会生活，提高学生的节约和环保意识。这样一种以实践和探索为主的学习方式能帮助学生建立起更为完整的社会生活。

色彩与幼儿手工制作

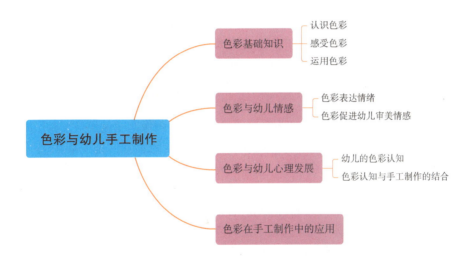

学习目标

理解色彩知识的基本术语，获得色彩基础知识和色彩运用的能力和方法。通过分析、探究、体验了解色彩的情感世界以及色彩情感给幼儿带来的感受。

重点

通过参与学习活动过程，提高对色彩的理解，从而掌握利用色彩制作手工的规律与技巧。

难点

运用相关知识，制作出精美的手工作品，形成热爱学前教育专业的价值观，形成积极向上的心态，为之后的幼儿教学奠定良好的基本技能和基础知识。

任务 1　色彩基础知识

一、认识色彩

色彩是基础绘画中的一种重要的表现手段和绘画语言。色彩是能引起人们共同的审美愉悦的、最为敏感的形式要素。

1. 色彩基本特征

丰富多样的颜色可以分为无彩色系和有彩色系。有彩色系的颜色有三个基本特征，即色相、纯度和明度。

（1）色相。色相是色彩的首要特征，即色彩的相貌，如大红、普蓝、深黄等，它也是区别色彩最准确的标准。除了黑、白、灰以外的其他颜色都具有色相的属性，当然色相也就是由原色、间色和复色来构成的，自然界中的色相是无限丰富的。

（2）纯度。纯度是指色彩的纯净程度，它表示颜色中所含有色成分的比例，也称色彩的饱和度。它控制图像色彩的浓淡程度，类似电视机中的色彩调节一样。纯度改变的同时色谱也会跟着改变，调至最低的时候图像就变为灰度图像，对灰度图像改变色相是没有作用的。

（3）明度。明度是眼睛对光源和物体表面的明暗程度的感觉，是主要由光线强弱决定的一种视觉感受。一般来说，光线越强，看上去越亮；反之，光线越弱，看上去越暗。

2. 色彩基本因素

在客观世界中，任何一个能为人们的眼睛所看见的物体，其表面色彩的形成，取决于以下三个因素：①光源的照射；②物体本身能反射一定的色光；③环境与空间对物体色彩的影响。根据这三个因素可以把颜色分为三种色彩即光源色、固有色和环境色，它们也是绘制色彩画的基础。

（1）光源色：由各种光源发出的光，大致可分为两类：一类是自然光，如太阳光、月亮光等，另一类是人造光，如灯光、火光等。无论是自然光还是人造光，都有各自的色彩特征，即使是阳光，在早晨、中午、傍晚的色彩也是不相同的，不仅明度的强弱不同，色相也不一样。例如同是白墙，在早晨阳光照耀下受光部分则呈淡黄色，到了傍晚在夕阳的照射下又全呈浅红色。由此可见，物体的受光部分受光源色的影响很大，特别是表面光滑的物体，如金属器皿、陶瓷制品的高光部分，往往是光源色的直接反射。

（2）固有色，指人们在正常光线下所看到的物体本身固有的颜色，如蓝衣服、红花、绿草等。固有色一般在柔和的光线下显得明显，在微弱的光线和强光下则变弱；反光强的光滑物体固有色弱（如玻璃、抛光的金属等），反光弱的粗糙物体固有色强（如呢绒、麻布等）；距离视点近的物体固有色较鲜明，距离远的则固有色弱。固有色最强烈的地方在物体的灰调层面上，也就是靠近明暗交界线向受光部转移的部位，这个部位光源影响较弱，因此固有色强，其余部分则弱。明暗交界线固有色最弱，含有黑色或黑灰色（相对而言）。离画者近的固有色强，多彩鲜明；反之远的弱色彩纯度高，显灰。

（3）环境色，是物体周围环境的颜色。物体与物体之间的色彩是相互影响和相互制约的，一个物体受到周围物体反射颜色的影响，引起固有色的变化。环境色强烈时，物体的暗部色彩应以环境色为主，如一个白石膏像放在红衬布上，石膏像的暗部色彩就呈红灰色，这就是条件色的作用。观察暗部的色彩，离条件色近的部分环境色强烈，远之则弱。当环境色弱时，物体暗部的色彩，以物体的固有色为主。在绘画中，适当考虑光源色的补色。受光部是受光源色影响，背光部是受环境色影响。

二、感受色彩

色彩是一种视觉感受，其最大的魅力在于第一视觉印象，同时色彩也是一种心理感受，不同的色彩能让人产生压抑、悲伤、欢快等不同的心理感受。

一般人能够察觉到色彩具有的特定的表现性。色彩是人们生活中的调味品，是绘画中流动的生命。作为造型艺术的形式要素，色彩语言有着丰富的内涵和极强的艺术表现力。经常可以看到许多如"芬芳的""柔和的""明亮的"等色彩的形容词。色彩作为绘画元素之一，可以造成一种情感的震动，形成一种心灵的共鸣，色彩是能直接对心灵发生影响的手段。

德国文学家歌德指出，一切色彩都位于黄色与蓝色这两极之间。歌德还把色彩划分为主动的色彩和被动的色彩。主动的色彩能够产生出一种"积极的、有生命力的和努力进取的态度"，被动的色彩则"适合表现那种不安的、温柔的和向往的情绪"。联系歌德的研究不难联系到大自然中的春（见图3-1）、夏（见图3-2）、秋（见图3-3）、冬（见图3-4）四季：春天是绿色的，万物复苏，生机勃勃；夏天是红色的，烈日当空，骄阳似火；秋天是黄色的，西风落叶，春华秋实；冬天是白色的，银装素裹，寒气袭人。

图3-1　春

图3-2　夏

图3-3　秋

图3-4　冬

不同的色彩带给人们不同的感受。例如在俄罗斯画家康定斯基看来，绿色就十分与众不同，"绿色具有一种人间的、自我满足的宁静，这种宁静具有一种庄重的，超自然的无穷奥妙。纯绿色是大自然中最宁静的色彩，它不向四方扩张，也不具有扩张的色彩所具有的那种感染力，不会引起欢乐、悲哀和激情，不提出任何要求。"红色富有力量且精神饱满，纯粹的红色还能够表现出庄严、神圣的效果；紫色是一种冷红色，给人带来一种虚幻和某些悲观的因素。

由于每个人对色彩的感受能力和喜好不同，在运用色彩表现方面又存在着差别。这一类反应有可能会在人们的穿着方式或房间布置方式上表现出来。调查研究发现，凡是那些能够掌控自己情感的人，往往偏爱蓝色和绿色，而不喜欢红色。例如，法国画家乔治·鲁欧喜欢在绘画时使用红色，而荷兰画家梵·高则喜欢用黄色，这种不同的喜好，就揭示出了两种不同的个性。西班牙画家毕加索在自己的绘画经历中，从喜欢"蓝色阶段"向喜欢"粉红色阶段"的转变，同样也反映他自己性情的改变。绘画颜色的运用与画家本身的性格喜好相关联（见图3-5~图3-8），这也是在研究色彩问题时需要注意的问题。

图3-5 克劳德·莫奈作品

图3-6 爱德华·屈居埃尔作品

图3-7 阿尔芒德·基约曼作品

图3-8 施尔德·哈森作品

晴天、雨天、日出、日落，在不同时间和温度的变化下，自然界就像是一块丰富的调色板，在时间的流动中发生着微妙的变化。研究表明，人的视觉是按近大远小的透视原理来反应物体的远近距离，色彩有透视变化规律，近的暖，远的冷，近的鲜明，远的模糊。自然界中的色彩变化离不开太阳光，在不同时间和光线的照耀下物象呈现出的色彩完全不同，这一点也在印象派的实践中得到印证。如日出时分，红色的光笼罩着大地，颜色由红变黄，在较暗的地方则会由青绿色变为紫青或者蓝紫等；而日落时，晚霞挥洒到每一个角落，各种事物呈现出橙黄、橙红颜色。

一年四季的色彩变化恰好展现了植物的生命动态。春夏季时，绿色植物迎来了生长的高峰时期，阳光充沛，植物在光合作用的帮助下，叶绿素增多，此时植物叶子多为绿色；而秋冬时期，气候渐凉，阳光减少，此时植物为了把更多的营养输送到根部保持生长，光合作用减少，随之叶绿素也就减少了，所以植物叶子就变成其他的颜色。

大自然的色彩千变万化，难以穷尽，要想引导幼儿感受色彩，应从自然界中获取最生动、最富有魅力的色彩讯息，丰富幼儿的色彩语言，培养幼儿对色彩的敏感度以及形象思维和想象力。这对幼儿时期的审美能力发展至关重要。根据瑞士心理学家让·皮亚杰的认知发展阶段论，幼儿心理的发展是经由感知运算到形式运算的，如果没有敏锐的感知能力，审美情感的产生和审美自由的实现都是不可能的。

自然界的色彩变化是植物生命的动态发展，引导幼儿探寻大自然色彩的奥秘是感受色彩最直接的方式之一，洞察自然物质的周围环境，了解各种物质对自然色彩产生的影响是提高幼儿认知、情感、审美以及道德综合发展的过程，也是幼儿不断成长得以滋养生命的过程。

三、运用色彩

色彩在幼儿美术手工制作中起到丰富作品、装饰作品及感受色彩的作用。

1. 绘画工具

认识和了解绘画工具的特性是运用色彩的第一步。当前，幼儿园美术教学中多使用彩色水笔、彩色彩笔、油画棒、丙烯颜料、水粉颜料等，这些绘画工具大多使用便捷，幼儿容易掌握。

几种常用美术工具的特点如下：

（1）彩色水笔。彩色水笔的优点是色彩丰富、鲜艳；缺点是使用寿命较短，水分不均匀，过渡不自然，两色在一起不好调和，一般适合画儿童画（见图3-9）。

（2）彩色铅笔。彩色铅笔外形以及画出来的效果类似于铅笔。颜色多种多样，画出来的效果比较淡，清新简单，大多便于被橡皮擦去。具有透明度和色彩度，在各类型纸张上使用时都能均匀着色，流畅描绘，笔芯不易从芯槽中脱落（见图3-10）。

（3）油画棒。油画棒手感细腻、滑爽，铺展性好，叠色、混色性能优异，能充分展现油画效果，满足各种上色需求。油画棒看似蜡笔，其实并非蜡笔。与蜡笔相比，油画棒颜色更鲜艳，在纸面的附着力、覆盖力更强，是幼儿喜欢的作画工具之一（见图3-11）。

（4）水粉颜料。水粉颜料多数较不透明，由粉质的材料组成，覆盖性比较强，价格比丙烯颜料便宜，易学易用，因此常在幼儿美术教学中使用（见图3-12）。

了解各种绘画工具的特性和运用方法能够帮助幼儿更好地完成作品。

图3-9　彩色水笔

图3-10　彩色铅笔

图3-11　油画棒

图3-12　水粉颜料

2. 色彩搭配

在幼儿的美术作品创作过程中，运用色彩进行搭配、调和也是尤为关键的一步。

色彩的魅力还在于不同颜色互相调和出来的多样性，因此易于融合的颜料能够让幼儿更好地把握色彩的艺术语言。在绘画和手工制作的过程中引导幼儿进行颜色调配训练，激发幼儿的颜色搭配意识，使幼儿了解颜色与颜色之间的差别，以及感受色彩搭配后产生的效果，从而达到培养其运用色彩的能力，并能以此来表达自己的审美情感。

例如，在日常的教学过程中，以红、黄、蓝三原色作为出发点，并且以实验的方式让幼儿了解这三种颜色中的任意两种调和会产生另一种颜色（红+黄=橙、红+蓝=紫、蓝+黄=绿、红+黄+蓝=黑），这既有趣味性又让幼儿了解了颜色调和的知识。除此之外可运用联想的方法，贴近生活实际，引导幼儿举一反三。在此基础之上强调颜色比例的多少还能够决定色彩的深浅区别。

在运用色彩时，"和谐"一直是创作的主旋律，只有和谐的色彩才能创作出令人愉悦的作品（见图 3-13~图 3-16）。和谐在某种意义上来说是必不可少的，这就是说，如果一件作品中的所有色彩都要成为互相关联的，它们就必须在一个统一的整体中配合起来。当然，在一幅成功的画中，或一个高明的画家所使用的色彩中也有可能局限在某种不包括某些色相、亮度和饱和度的有限范围之内。

图 3-13　民族服饰

图 3-14　拼贴作品

图 3-15　毛线玩偶

图 3-16　纸工作品

【习题】

尝试总结不同色彩给人带来的心理感受。

知识拓展

心理测试中，可以使用颜色来判断一个人的性格和心理，一般会用到红、蓝、黄、绿这四种颜色，不同颜色所折射的性格也有所不同。

（1）红色性格。红色性格的人会把幸福和快乐当作头等大事。他们总是对事物有很高的兴趣。他们的精力和热情是有感染力的，能够四处散发，与他们这样的人相处时总是存在趣味，很容易被他们乐天的情绪所感染。红色性格的人对于幸福的向往，让他们以孩童的视角去看待一切，这种生活态度和人生观会让他们变得简单。他们知道如何享受生活，无论他们从事什么工作，他们努力工作的同时也会很享受。他们对生活的信心就是好运总会到来。红色性格的人是一个优秀的鼓动者，当需要给人很高的期望和鼓励时，他们总能成功。红色性格的人比其他性格的人更容易做出新尝试，因为他们喜欢新想法、新潮流，也因为他们在改变和尝试的途中有非常多的欢乐。

（2）黄色性格。黄色性格的人有着强大的毅力，他们希望做到第一，并渴望让别人羡慕他们一生中几乎所有的细节。黄色性格的人体内存在好战因子，在与天空战斗的过程、与他人战斗的过程中、与自己战斗的过程中体验着自己生命的价值。当黄色性格的人的意见遭受拒绝时，只会激励他们更加刻苦努力。黄色性格的人决策变得容易，本质是他们只关注成果。

（3）蓝色性格。蓝色性格的人是完美主义者，他们寻找最棒的并让自身成为最棒的。他们工作努力，喜欢做水平高的任务，即使这表示着需要更长的时间和更艰苦的工作。对他们来说，如果这件事情有价值，那么它就可以做，并且能做到最优秀。

（4）绿色性格。当人们与绿色性格的人相处时，会有舒缓、浑然和无压力的感觉。绿色性格的人的幸福是不计较生活中鸡毛蒜皮的事情。绿色性格通常会"挑选性聆听"，只选择倾听让自己快乐的话语。

任务 2　色彩与幼儿情感

绘画语言的基本要素包括图形、色彩和肌理。其中，色彩是绘画艺术的重要表现手段，是最具感染力的语言要素。

随着幼儿年龄的增长，幼儿表达情感的方式逐渐增多。一方面幼儿时期对文字方面的知识涉及较少，绘画和手工制作占据主要地位；另一方面幼儿的造型能力有限，色彩的运用更能充分激发幼儿的兴趣，尤其在幼儿阶段的儿童对色彩的感知是很敏锐的。如果说喜、怒、哀、乐是幼儿表达情感的直接反应，那么色彩就能够间接反映幼儿的情绪与情感。美国著名艺术教育家罗恩菲德强调儿童通过美术作品进行自我表现，并指出绘画、涂色、建构的过程，是儿童把环境中多种多样的元素整合成一个有意义的整体的复杂过程。在选择、解释和改造这些元素的过程中，儿童呈现给人们的不仅仅是一件美术作品，还是儿童自己的一部分。色彩在幼儿美术教学中有着至关重要的作用和影响，鲜明的色彩能够启发他们无限的想象。

一、色彩表达情绪

作为一种通信工具，形状要比色彩有效得多，然而要说到表情作用，色彩却又更胜一筹。犹如声音赋予语言情感的色彩那样，色彩从精神上赋予形状以决定性的调子。

从某种意义上说，很多情绪都可以通过色彩来抒发。在手工艺术品方面，民间剪纸就是一个很好的例子，传统民间剪纸以红色居多的原因是：第一，剪纸用于节日时的装饰如窗花、门笺花；第二，用于婚嫁时的装饰。比如喜花剪纸多用于喜庆热闹之事，红色代表热烈、喜庆，由此红色成为传统剪纸的主要色彩。

色彩可以表达人的情绪，当然人的情绪也可以通过色彩反映出来。从心理学角度上来说，如果人一直处于黑暗幽闭的环境之中，那么消极的情绪必然产生，在绘画上的表现尤为明显，这也多发生在自闭症儿童、缺乏安全感的儿童身上。

研究表明，幼儿在悲伤的状态之下，使用蓝色和绿色的频次最多；在厌恶的情绪作用下，更多地使用黑色和灰色；处于愤怒的状态时，使用红色的次数最多；在恐惧的状态下，黑色使用次数最多。不难发现，冷色系成为儿童表达"坏"情绪的代表色系。其实除了这些"坏"颜色能够反映出儿童内心之外，情绪不稳定儿童还有另一种表现：即只喜爱某一种颜色或者极度排斥某一种颜色，对更换颜色表示排斥，在行为上较抵触。

在色彩教学中要注意到特殊儿童的问题，引导他们在手工制作时对色彩的有效运用。

扎染属于我国民间传统独特的染色工艺，其工艺特点是用线将被印染的织物打绞成结后，进行印染，然后把打绞成结的线拆除的一种印染技术，最后晾干得到具有偶然性的五彩斑斓的色彩。在做扎染的过程中，儿童的天性被释放，情绪得到有效缓解，是较为简易的适合特殊儿童掌握的手工制作（见图3-17）。

当然也有将绘画与手工制作结合的方式，例如关于撕纸的手工制作（见图3-18），将多种颜色的卡纸撕成条状表现成一盏灯笼，是融合了造型、色彩、手工为一体的表现方式，能够适当地帮助儿童调整情绪。

图3-17 自闭症儿童扎染作品

图3-18 自闭症儿童手工作品

对自闭症儿童和情绪不稳定儿童而言，手工制作能起到调节手脑的协调性、增强运动能力、改善不良情绪、陶冶情操的作用，还能给制作者带来满足感和成就感。

能够正常使用色彩的儿童，他们也能通过色彩表达和投射内心需求和情绪。研究显示，幼儿认为最让人兴奋的颜色是红色，开心时用红色来表现；黄色则被幼儿认为是最有活力的色彩；当幼儿感觉热情、热烈时会选择用橘色来表示。因此，能发现积极的色彩属于暖色系，也就是幼儿口中"好"的色彩。

通过实地考察走访幼儿园发现，就中班来讲，幼儿喜欢和认为漂亮的颜色比较丰富，有一定的审美意识，能理解颜色的冷暖和深浅对比，能用色彩表现不同的味觉、触觉、温度感的感受，选用颜色从无意识到有意识的联想发展，能表现出他们当时的心境和情绪，使用色彩的创作比小班幼儿丰富。幼儿能够通过自己对冷暖的感受创作作品。如图3-19和图3-20所示的这两件手工作品，一暖一冷，给人强烈的视觉感受。幼儿也认为这两种颜色放在一起好看，而"好看"就是他们的感受。其制作方法是将被水浸泡过的卫生纸晾晒干，在纸上均匀涂抹丙烯颜料，拼贴组合成具有想象力的图案。

在美术活动时，幼儿对颜色的感受不同，画出的物体着色也不相同，要鼓励幼儿对物体大胆着色，但偶尔要控制不能脱离主题颜色，要激发他们通过颜色表达出自己内心的想法。例如，在教师的启发下，幼儿将木块和麻绳组合在一起，拼贴成自己的形象，并为自己"穿上"美丽的衣服（见图3-21、图3-22），这既帮助儿童认识了自我，也让他们通过色彩表达了个性，表达了"我自己"。

模块3　色彩与幼儿手工制作

图3-19　手工作品1　　图3-20　手工作品2　　图3-21　手工制作1　　图3-22　手工制作2

色彩情感的教育活动渗透在儿童成长的各个方面，包括语言发展、技能发展、观察能力等，它们相互影响、相互协调，以点带面促进儿童全面发展。

二、色彩促进幼儿审美情感的发展

人的审美情感主要通过视觉感知。幼儿期儿童对色彩的喜好偏向鲜艳的、强烈的、单纯的，如果这一时期有意识地培养幼儿色彩感知能力，就可以帮助他们树立正确的审美情感，引起舒适、愉快的审美体验，从而促进性格品质方面的完善。

幼儿审美情感的培养可以有多种途径，其中以欣赏"大自然"为最直接的方式。大自然是最优异的"画家"，青山绿水、碧海蓝天、汀花野竹、水鸟渊鱼、奇花异草等，都显示出了大自然的神奇造化。这些五彩缤纷的颜色可以给予幼儿真实的全身心感受。

根据实地考察发现，幼儿园可以根据季节的变化，创设相关主题活动。在室内环境中，园内根据春、夏、秋、冬设计的主题墙，如图3-23和图3-24中展示的区域，主要理念是"让每一面墙都会说话，都能与孩子互动"，运用树叶拼贴成各种图案，并且这些图案是镂空的，给人带来新奇感。另外，也会采用树叶拓印与拼贴结合的方法，制作方法的多样性给幼儿的美术活动增添了乐趣。

室内主题墙的设计离不开对自然的观察和体会，因此会在幼儿创作时看到这样的情况：在画秋天的树叶时，有的小朋友使用了红颜色是因为看到了变红的枫叶；有的小朋友使用了绿颜色是因为观察到的树叶还没有变颜色；而有的小朋友同时使用了绿和红两种颜色，因为有的树叶变颜色了有的还没有变。从这一细节中可以发现，幼儿的观察能力超出人们的想象。因此，色彩教学的重点就是要培养孩子敏锐的色彩观察能力和初步色彩运用能力，以发展幼儿色彩审美素养为目的。

室外活动是儿童产生对色彩理解的基本途径。室外活动可以通过有主题性的、有目的的课程展开，也可以在日常的室外游戏活动中随机性的指导（见图3-25～图3-27）。美好的教育环境，对幼儿色彩感的培养起到潜移默化的作用。

在轻松愉快的环境中感受色彩、理解色彩不仅愉悦身心，更能激发幼儿对未来的美好想象，对生活的无限热爱。重视幼儿期色彩感的培养，可以树立幼儿正确的审美观，增强幼儿的审美情趣，并有利于其在生活中，如选择服饰、布置居室等的时候融会贯通地应用色彩，同时为今后艺术才能的发展，打下重要的基础。

图 3-23 "多彩的秋天"主题

图 3-24 "画里的秋天"主题

图 3-25 室外活动 1

图 3-26 室外活动 2

图 3-27 室外活动 2

【作业】

运用所学色彩知识，为幼儿园设计一块主题墙，以"春、夏、秋、冬"为主题。

特殊儿童认知训练的内容及要点（色彩篇）

特殊儿童认知训练是一个由易到难、由简到繁的渐进过程。对物体颜色、形状及各种基本的物理属性的认识等基础认知能力，是儿童开展高阶认知训练的基础。这些内容既属于认知的范畴，又是进行后续教学和训练的一个先决条件，又称为基础性训练，是特殊儿童认知训练内容的一部分。

1. 基础认知训练内容

基础性训练主要包括认识颜色、图形、基本物理量三个方面。

（1）颜色是儿童在认识客观事物的时候首先感知到的一个属性。对于部分特殊儿童来说，颜色感知水平的发展缺陷，会严重影响其认知能力的发展和良好个性的形成。

（2）形状是对自然物体外部轮廓的抽象和概括。认识简单的图形不仅有利于儿童辨别和区分日常生活中的物体，发展初步的空间知觉和想象能力，也有利于儿童理解和掌握抽象概念，促进思维发展。

（3）物理量如大小、长短、轻重等也是物体基本属性的反映，它是事物所拥有的可做比较或测定其异同的一种性质。对物理量的认识和理解，有利于促进儿童推理、判断、分析、概括等高级思维能力的发展。基础认知能力对促进儿童认知及个性的发展有着十分重要的意义。

2. 基础认知能力训练要点

在基础性训练阶段，主要引导儿童认识颜色、图形和基本物理量。认识颜色的训练主要包括认识基本色（红、黄、蓝等）与次常见色，能区分同一颜色的不同鲜明程度；认识图形主要包括认识平面图形和认识立体图形两个部分；认识基本物理量主要包括认识大小、长短、轻重等。训练时可以从单维度加深和扩展，然后从二维或多维度的组合进一步提高认知任务的难度，强化特殊儿童的理解。

3. 训练目标

初级：认识和说出红、黄、蓝三种常见颜色的名称；认识和说出圆形、三角形、正方形三种基本形状；能够在两个差异较大的物体中辨认和区分最大、最小、最长、最短的一个。

中级：能够进一步认识和说出紫色、橙色、黑色、白色、灰色等颜色的名称；认识长方形、椭圆形、梯形等形状，认识球体、正方体、长方体和圆柱体；能够在差异较小的物体中辨认出最大、最小、最长、最短、最重、最轻的一个，能够初步掌握通过比较和测量物理量来区分物体。

高级：能区分同一颜色鲜明程度的不同，如红与深红、绿与浅绿等；认识几何图形的分解和组合，能够将分解的图形重新组合成原来的图形；能比较多个物体的量，并能够用语言准确描述物体的量。

特殊儿童颜色训练案例

2005年张积家等用11种基本颜色对3~6岁儿童的颜色命名能力进行了研究，结果显示儿童对11种颜色的命名顺序是：白、黑、红、黄、绿、蓝、粉红、紫、橙、灰、棕。儿童在未能对颜色进行正确命名之前，已具有对颜色的分辨能力。例如，4个月的婴儿已经能区别红、蓝、绿、黄四种颜色，与成人相差不大。

对颜色进行正确命名，除了和言语能力发展有密切关系外，还与对颜色的抽象及概括能力的发展有关。对于特殊儿童来说，颜色感知水平的发展落后或缺陷，会严重影响他们认知能力的发展以及良好个性的形成。因此，在开始对特殊儿童进行认知训练前，应要求他们正确认识一些基本颜色，这是进行后续相关教学与训练的一个先决条件。

儿童认识客观事物是由对事物外部的、直观的与表现特征的认识逐渐发展到对事物内部的、抽象的与本质属性的认识。颜色是事物外部的、直观的一个最基本的表面特征之一。因此，对儿童尤其是特殊儿童进行基本颜色的认知训练，是整个认知训练的一项基本内容。

1. 训练目标

首先确立训练目标，对特殊儿童进行颜色训练，可以参考普通儿童颜色认知发展的目标来制定训练目标。

学前儿童的颜色认知发展的一般规律：3~4岁儿童可认识红色、黄色、蓝色、绿色四种常见颜色；4~5岁儿童能进一步认识紫色、褐色、橙色、白色、黑色、灰色等颜色；5~6岁儿童能区分同一种颜色的不同鲜明程度，同时进一步认识更多混合色。特殊儿童颜色训练目标制定可以参考此发育顺序，但要注意结合儿童具体情况设置目标。

从儿童学习事物所经历的命名、辨认、发音三个阶段来看，特殊儿童应在颜色认知训练中达到以下目标：命名——能指认物品并说出名称或某一颜色的概念，建立颜色与颜色概念之间的关系，如"这是红色"；辨认——儿童能根据某一颜色概念从2~3种颜色中找到与概念相应的颜色，如"哪个是红色的"；发音阶段——儿童能说出颜色的名称或概念。例如问

儿童"这是什么颜色？"，儿童回答"这是红色的"。

最终的目标是让特殊儿童能分辨出各种不同色调和饱和度的颜色，并准确地说出某一种颜色的名称，促进其颜色认知能力的发展。

2. 注意事项

（1）在帮助儿童进行颜色认知训练时，强调手中正在操作的，如"宝宝，这是红色的积木"。

（2）使用是非强调法。例如帮助儿童学习红色时，尽量多强调红色，引导儿童拿起红色积木，当儿童拿对时，说"你真棒，这是红色的积木"，当儿童拿错时说"这不是红色的"。

（3）给孩子创造色彩缤纷的环境，儿童的床单或玩具避免单一颜色。

（4）当儿童在最初学习颜色时，避免一次给予过多颜色，儿童会感到混乱，应当给予1~3种颜色，多强化。

任务 3　色彩与幼儿心理发展

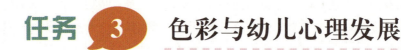

色彩和幼儿的情绪变化有着一定的联系，色彩是幼儿心理变化的指示器，孩子们对色彩的喜好会直接影响其自身的性格特点。根据一些研究得出的结论，人们确实对颜色的喜爱表现出了不同的倾向，"人们喜爱的是饱和颜色而不是非饱和颜色"。国外一些研究者则持相反的看法，认为人最喜欢的是非饱和色，而不是饱和色。除此之外，还有其他的一些看法，比如认为人们最喜欢的，是位于光谱两个极端的颜色——红色和蓝色，黄色受到的欢迎程度就小一些。还有一部分研究者认为，男人比女人更喜欢蓝色。这些观点证实了人们与色彩之间微妙的联系。

一般情况下，可以从幼儿选择的颜色上来确定他们的情绪（处于欢喜或忧伤），幼儿无意识选择出的颜色会间接地展现出自身的情绪，揭示其内心的秘密。如果说幼儿一开始就对某种色彩有所偏爱，也就表明该名幼儿的性格特征特别突出，教师可以根据这一点进行适当的引导，寻找适合的教学方式（开学初期便可进行相关色彩实验，以此来帮助教师形成相对应的教学方法），以此发现幼儿内心的想法。教师使用简单的引导方式，将色彩进行搭配，可以让幼儿欣赏到不同颜色混合的艺术魅力，防止幼儿心理的个性化极端现象，掌握良好的审美习惯，促进个性化发展。因此，作为一名幼儿教师，应掌握相关的色彩心理学知识以及幼儿身心发展的规律，学会在日常教学中灵活运用，将理论知识与实际的教学情况相结合，以此将知识"变活"。

一、幼儿的色彩认知

色彩是幼儿感知世界的方式之一，多数幼儿初生之时对色彩十分敏感，由色彩开始了他们对未知世界的探索。让幼儿从小时候开始学习色彩、认识色彩，能够培养他们对色彩的识别、审美、搭配等方面的能力。

幼儿阶段对色彩的认识是建立在具体事物认知的基础上进行的，比如看到彩虹而去辨别红、橙、黄、绿、青、蓝、紫等色彩。幼儿对色彩感知具有一些独有的感知规律，与幼儿的辨色能力有关。辨别色彩的能力是区分颜色细微差别的能力。幼儿初期从只能分辨颜色到给颜色定位也需要一段长期渐进的过程。

根据实际情况需要，目前我国的学前教育阶段根据不同的年龄将班级划分为小班、中班、大班。学龄前幼儿在3~6岁的成长过程中基本上能够正确识别大部分颜色（如黄、红、蓝、绿），但是涉及色彩的明度时常会混淆。不同年龄阶段的幼儿对色彩的认知程度也存在差异。

触觉、迈步和运动是新生儿最初体会到的三种快乐。两三个月之后，婴儿逐渐有了识别色彩的能力。1周岁时，就开始出现对色彩的知觉反应。但要等到2岁以后才会对自己喜欢的色彩有强烈的反应。作为幼儿教师，必须了解幼儿不同成长期的色彩感觉，运用与该发展阶段相符的词语或事例向幼儿传达信息。

幼儿的成长阶段可以分为婴幼儿期（2~4岁）、幼儿期（5~7岁）、学龄期（8~9岁）。各个成长阶段的色彩感大致如下：

(1) 婴幼儿期：2~4岁是无意识游戏时期。这一阶段，幼儿没有任何目的或意识，仅仅靠单纯的手部肌肉运动以及动作留下的痕迹获得快乐。心理学家的研究表明，年龄为2~3岁的幼儿期儿童喜爱艳丽、明快的颜色，尤其是对比明显的颜色，有部分孩子对新鲜颜色的偏爱程度会持续整个儿童阶段。因此，为这一年龄段的儿童做设计时，应更多地使用明度高与纯度高的色彩。实践证明，在红、橙、黄、绿、蓝、紫、棕、黑、白、灰10种颜色中，儿童更多地偏爱红、黄、绿色，较少偏爱黑、灰、棕色。这一阶段的幼儿对色彩的概念仅仅局限于少量自己喜欢的事物的颜色。3岁以后，幼儿才开始对色彩有敏锐的反应。无论男女，这一时期都偏爱蓝色，尚未形成性别上的色彩分化，这一阶段的幼儿常常自始至终都只用一种颜色，最多也只会用两三种不同的颜色。婴幼儿时期的孩子喜欢色彩，但是对于色彩的使用还不具备整体性，因此家长和教师要有目的地、人为地为他们随意涂鸦的东西赋予一定的意义，给予孩子发挥的空间。色彩在这时期仅起到辅助作用，从他们感兴趣的游戏活动和周边环境入手，是培养创造性思维的关键所在。

(2) 幼儿期：5~7岁是象征性、直观性的形象画时期。这一时期的幼儿开始表现出较明确的主题意识和自我意识，开始尝试表现现实生活中的对象。他们对色彩怀有一定的兴趣，但是似乎用线条来表现事物更能吸引他们的注意力。研究表明，这一时期的幼儿拥有自己独特的想法，他们往往充满想象力，不顾色彩与物体的现实关系，只是根据自己的情绪来使用色彩，比如把人画成红色的或者黄色的。这种色彩选择方式固然有一定的心理学意义，但带有强烈的个体性。幼儿与色彩的初期关系主要是由情绪上的特征决定的。这一阶段幼儿对色彩的使用将会成为很愉快的经历，色彩本身能为他们带来无穷的乐趣。

这一时期的色彩教育尤为重要，并且有必要从幼儿成长的角度和幼儿造型能力的角度分别进行分析探讨。

除此之外，研究发现儿童在1~5岁期间，对颜色爱好的差异并不显著，6岁之后，才表现出性别差异。男性最喜爱黄、蓝两色，其次是红、绿两色；女性则最喜爱红、黄两色，其次是橙、白、蓝三色。充满童趣的女孩们钟情于浅色调，而男孩们认为深色或稳重色调较适合他们。随着年龄的增长，幼儿可以更多地感受到色彩的冷暖，审美感受也逐渐增强。另外,儿童的审美趣味会伴随年龄增长表现为由色彩鲜艳、对比强烈向协调、柔和方向转变。因而,引导年龄大一些的儿童制作手工作品或绘画作品时,色彩对比应有所调整。处于幼儿时期的儿童具备超乎常规的想象力,他们对世间万物充满了好奇,哪怕是一片树叶、一个奇怪的玩偶、一根弯曲的树枝,都能够激发他们无限的遐想。

研究表明,6~7岁儿童的空间知觉已有所发展,在形状知觉方面,他们一般能辨认正方形、长方形、圆形、菱形、三角形等。当儿童接触到手工制作品自身或原材料本身时,总是和具体事物联系在一起来认识,也常把不熟悉的抽象图形与具体实物联系在一起认知。如果是熟知或熟悉的图形,他们马上会沉迷进去,并花上一段时间去观察和想象其情景内容。如利用各种废旧物品进行再创造,既发挥了想象力又获得了意想不到的效果(见图3-27)。

(3)学龄期:在8~9岁这个年龄段就可以有意地在绘画方面进行一些引导,引导儿童对感兴趣的事物多观察,引导儿童多思考,并结合丰富的手工和娱乐活动以及对大量的优秀作品和绘本的欣赏,拓展儿童的眼界,提升儿童的审美能力。同时尽量为儿童提供多种绘画用具,创造对不同绘画方式的体验。

9岁的儿童开始采用和成人相同的观察方式,画法也开始向写实的手法转变。在绘画及手脑协调方面,9岁是儿童迈向成人阶段的第一步。

二、色彩认知与手工制作的结合

随着时间的推移,幼儿生理上的特征主要是手部运动日趋灵活,为绘画以及手工制作提供了良好的生理条件。从色彩意识发展的角度来说,幼儿能够理解较复杂的概念,其艺术创作的灵感呈现出一定的复杂性,能够领会完整的概念,但必须与自己的见闻密切相关,对色彩的认识也在经验的基础上进一步发展。

幼儿的绘画作品往往都是不客观的。罗恩菲尔德通过研究发现,隔一段时间后,问幼儿之前"画的是什么",大部分都回答"不知道"。这也恰好证明,幼儿的绘画大多是表现自己某一时刻内心想法的象征画。瑞士幼儿心理学家让·皮亚杰认为,幼儿并不会照实描绘某件事物,仅仅是把自己知道的东西(概念)表现出来。比如说当他们画一棵树时,会把看不到的树根部分也一起画下来。对此,美国色彩专家阿恩海姆的观点则恰恰相反。现代观点则普遍认为幼儿的绘画是将他们看到的和知道的融合在一起。

可以通过发散幼儿的想象力帮助幼儿积累有关色彩搭配及变化的经验。由于这一时期,幼儿对周围的事物开始产生旺盛的好奇心,所以应该适当地组织活动,从大自然中汲取事物,帮助幼儿从手工制作中学习色彩搭配并锻炼造型能力,认识周围的环境。这一阶段,可借助自然界帮助幼儿切实感受色彩和环境、色彩和自身的密切关系,鼓励幼儿把自己的情感体验直接表现出来,特别是要尽可能向幼儿展示丰富多彩的自然色彩,最大限度地刺激幼儿的五官,引导他们从情感上体验色彩。

图3-28和图3-29中的手工作品,就是利用落下的树叶拼成的活灵活现的小兔子,因势象形,充分激发了幼儿的想象思维,又将普通的材料变得非常有趣味性。因此,组织活动时应当以幼儿为中心,逐步扩大认知范围,要让幼儿认识到自己与色彩的关系,体会自己对色彩的感受,之后再逐步扩展,加强手脑的灵活运用,使之在手工制作方面将色彩运用得更加自如。

模块3 色彩与幼儿手工制作

图3-28 树叶拼贴兔子作品1

图3-29 树叶拼贴兔子作品2

【习题】

思考如何运用大自然中的材料进行手工制作。

知识拓展

幼儿色彩敏感期

1岁之前，儿童视锥细胞发育还未成熟，对颜色的识别能力较差，他们更关注黑白交错物品，如足球、电视机黑色屏幕、灯光、黑白画册等。1岁之后，随着眼睛视锥细胞的逐渐成熟，儿童色彩敏感期到来。

1. 1~2.5岁，儿童视野里开始增加彩色

随着视锥细胞的逐渐成熟，儿童的世界变得五彩缤纷，但他们此时对色彩是无意识的，仅仅只有对颜色本身的直觉。尽管如此，因为儿童吸纳周围世界的一切，当然也在积累色彩经验，如果没有1~2岁颜色感受的铺垫，就没有两岁半儿童对色彩的迷恋。

当然，在这一时期，成人也完全没有必要刻意教儿童认识颜色，对于6岁前的儿童，成人一定要避免教学，而应还原生活本来模样，让儿童在生活中自然吸纳。例如认识颜色，成人无须专门购买色彩卡、彩笔让儿童识别颜色，大千世界本就是斑斓多彩的，只要允许儿童自主去探索蓝色的天空、碧绿的草地等就已足够。成人要与儿童保持正常的交流与沟通，这样他们就有了良好的学习、模仿的榜样。例如，宝宝在啃咬磨牙棒时，成人可以说："宝宝在啃红色的磨牙棒。"宝宝在玩积木，可以说："宝宝在搭积木，有黄色的积木、蓝色的积木，真漂亮。"成人的语言越是简练、到位，儿童的学习越容易见成效。切忌有意教儿童认识颜色，而且在儿童没有自己说出物品的颜色时，不要问孩子"小汽车是什么颜色？"在儿童颜色经验积累不足或者颜色不能与语言匹配时，他们会为了应和成人，对物品颜色信口开河。

2. 2.5~4岁，儿童识别颜色

两岁半开始，儿童能够把表示颜色的语言和颜色结合起来，识别并说出红、黄、蓝、绿色中的一种或几种颜色，并开始在生活中寻找不同的颜色。一般情况下，儿童最先识别的是三原色，在此基础上逐渐分别出各种间色以及其他颜色。在此期间，儿童会出现名称与颜色

匹配的错误，尤其是3岁之前，不必大惊小怪，更不要急于教儿童记住颜色名称，给儿童时间，他们会慢慢逐一矫正。

3. 4~5岁，涂色

当儿童能够清晰地识别并叫出颜色的名称时，他们就要开始玩颜色了。这时候，他们喜欢拿着彩笔涂抹，他们并非用彩笔画画，而是对他自己制作出的颜色感兴趣。因为儿童画画和涂色这两个活动是完全不同的。5岁之前的儿童画画，常常使用一个颜色、一支笔，一气呵成，那是儿童在表达自己对世界的认识，还与颜色无关。此时，成人不要督促儿童用彩色笔画画，也不要要求儿童为自己的画上色，否则儿童的画面中就可能出现绿色的太阳、黄色的大海、红色的山峦等。因为此时儿童尚没有形成对于各类物品合理颜色的认知，他们仅仅是对色彩本身感兴趣。

此时，儿童的涂色是一种游戏，一种认知活动。因此，成人不要要求儿童画填色画。画填色画不过是一种形式的工作，不能表达儿童自己的任何想法，而且儿童手指的控制能力还没有发育成熟。因此，对于幼小的孩子来说，画填色画是比较难的。儿童到7岁左右自然会把填色画作为一种游戏。因为这时候，儿童开始意识到"面"，如桌子的面、草原的面、海面，给各种各样的面涂上颜色，对他们来说是很好玩的一件事。

4. 5~6岁，为自己的画上色

5岁之后，儿童对于周围世界的认识越来越深入本质，掌握了基本的秩序，开始意识到世界万物都有其合理的颜色。这一认识，驱使着儿童在自己的绘画中呈现事物的颜色，他们享受着分区涂色的乐趣。此时，给儿童准备12色的蜡笔或其他绘画材料，他们随时可以使用这些材料。当然，如果儿童喜欢用单色绘画也可以。

任务 4　色彩在手工制作中的应用

一、色相的运用

从色相方面来说，手工制作内部的色彩关系，可以用多种颜色来搭配，也可以用单种颜色，要求配合在一起的颜色能够协调。例如，制作轻黏土花朵时，将红、黄、蓝三种颜色的黏土做成花，色彩艳丽，对比强烈，辉映成趣（见图3-30）。又如，在利用轻黏土制作冷色调的花束时，以绿色为主，点缀以暖色，如图3-31所示的花束色调搭配，以各种深浅不一的绿色作为基调，且它们的形态各异，参差错落的黏贴在硬卡纸上，将人带入了美丽的绿色花园。以森林为主题的轻黏土制作，需表现出更丰富的色彩，各色各样的植物以及小动物都在这方寸之间（见图3-32）。

一般而言，色环中距离较近的色彩搭配会给人很舒适、自然的视觉效果，可以创作出温和，但不灭其风采的美丽组合。因此，红色与橘色能完美搭配，同样的，橘色与黄色、黄色与绿色、绿色与蓝色、蓝色与紫色都是不错的组合。

模块 3　色彩与幼儿手工制作

图 3-30　轻黏土花束 1

图 3-31　轻黏土花束 2

图 3-32　轻黏土森林

　　色环中距离较远的色彩搭配也是十分出色、醒目效果的组合。这种对比色的色感比较鲜艳、强烈，具有饱满、华丽、欢乐、活跃的特点，容易使人兴奋、激动。如民间工艺（见图 3-33）中，大胆地运用了红色、黄色和金色，令人赏心悦目，给人喜庆之感。但对比色如果处理不当容易产生杂乱和过分刺激之感，造成作品倾向性不强，缺乏鲜明的个性。

图 3-33　土族民间刺绣

色环中处于180度相对位置的补色对比是最强的色相对比，如红色与绿色，黄色与青紫色等。差异越大的色彩造成的效果越令人惊艳。例如，手工制作纸环时，绿色的花饰加上一小簇鲜红色的陪衬，就显得更加翠绿。但补色对比如果处理不当会产生不安定、不协调的感觉，也可能给人一种幼稚、原始和粗俗的感觉。

二、色彩的面积

色彩的面积位置对手工制作会产生影响。手工制作中色彩的均衡，包括色彩的位置，每种色彩所占的比例等。色彩具有膨胀感与收缩感。同一面积、同一背景的物体，由于色彩不同，给人造成大小不同的视觉效果。明度高的色彩，看起来面积大些，有膨胀的感觉；明度低的色彩看起来面积小些，有收缩的感觉。如在长颈鹿的制作中（见图3-34），可将长颈鹿的四肢弱化，采用纯度和明度较低的颜色（长颈鹿本身的色彩），而强调突出长颈鹿身上的花纹，用点状的橙色有节奏地运用到长颈鹿身体上的各个部分，取得了很好的表达效果。扩大面积对比关系，强化面积对比作用；缩小面积对比关系，建立面积平衡关系，这就是一种均衡的色彩搭配。

图 3-34 长颈鹿

三、色彩的冷暖

色彩是与人的感觉和知觉联系在一起的。色彩感觉总包含着色彩的心理和生理作用的反映，使人产生一系列的对比与联想。在手工制作设计中，利用色彩感情规律，可以更好地表达手工主题，唤起人们的情感。

色彩的冷暖是影响手工配色的主要因素之一。采用冷暖对比的色彩，获得的效果会显得生动且活泼。如用湖蓝色水盆，插粉红色的荷花（见图3-35），这样冷色的盆与暖色的花形成了冷暖对比，进一步烘托出花的娇艳妩媚。运用调和色来处理手工色彩的关系，能使人产生轻松、舒适之感，方法是采用色相相同而深浅不同的颜色处理主体物与背景的色彩关系，也可采用同类色和近似色处理。近似色的色距范围较大，有一定的对比性，容易表现出色彩的丰富性并形成色彩的节奏与韵律。还可以利用中性色进行调和。例如，在中国结的制作中（见图3-36），运用黑、白、金、银、灰等中性色的线，就会对不协调的中国结色彩产生调和的作用；也可在中国结中使用金银丝装饰，使结与结的对比色中有个性色为媒介而调和。

模块3　色彩与幼儿手工制作

图 3-35　手工制作—花　　　　图 3-36　中国结

　　双手和大脑是各自独立存在但是又紧密联系的两个人体器官，大脑负责发出指令，双手负责执行操作，对于动作的完成，二者缺一不可。对于色彩在美术手工制作中的实施来说，正是体现了手脑的配合。幼儿对色彩的审美感觉影响着手工作品的完成度和美观程度，进而影响幼儿的审美。因此，在幼儿园教学中有必要将色彩知识运用到手工制作中，不仅可以满足幼儿的身心和视觉体验，也可以提高他们的动手乐趣，以促进幼儿身心健康成长。

【习题】

尝试制作一件色彩和谐的手工作品。

小　结

　　手工活动是一种可视的、可触摸的艺术形象教学活动。对培育幼儿的想象力和建立立体空间思维能力有着无法替代的作用。色彩对幼儿有着强烈的视觉冲击力，充分挖掘色彩在手工制作中的功效，使幼儿获得更大的精神愉悦感，获得体现美的本领，体验审美愉悦。

模块 4

图案与手工制作

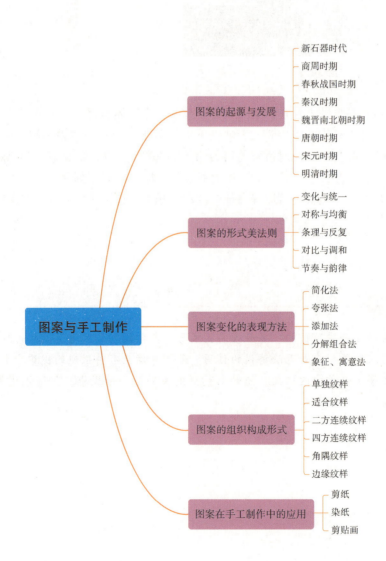

模块4 图案与手工制作

学习目标

理解图案的表现手法,掌握图案运用的能力和方法。通过分析、探究、体验了解图案在手工制作中的运用。

重点

通过参与学习活动过程,提高对图案历史发展的理解,从而掌握利用图案制作手工的规范与技巧。

难点

运用所学相关知识,制作出精美的手工图案作品,形成热爱学前教育专业的价值观,形成积极向上的心态,为之后的幼儿教学奠定良好的基本技能和基础知识。

任务 1 图案的起源与发展

"图"就是图画的意思,"案"则是计划、方案之意,合之而为图案。图案作为设计的一个组成门类,以及工艺美术的基础,是审美与实用的统一,既包含着"实用"和"美"这两个要素,又作为一种装饰形式与人们的物质生产、精神生活密不可分,它既可以美化人们的生活又使人们在使用中得到精神愉悦。

关于图案的定义,我国历来的广义、狭义两种说法。狭义的是指装饰性纹样,如衣服上的花纹、手帕上的花边等。广义定义是指实用性与美观相结合的设计方案。总之,图案是视觉艺术方面关于形式、色彩、结构的预先设计,是在工艺、技法、材料、用途、经济、美观等条件制约下制成的图样及装饰纹样等方案的通称(见图4-1、图4-2)。

在现代工业设计高度发达的今天,人们已经充分认识到图案是设计的一个组成部分,图案不能代替造型设计,图案的确切含义应该是图形与色彩的设计。图案既是在劳动中创造出来的,又受着一定的生产工艺、物质材料的限制。图案是由实用美术、装饰美术、建筑美术所构成的,它按照美的法则,在工艺材料、用途、经济、生产等条件的制约下,使创作者充分发挥想象力,借助装饰和塑造的表现手法,使之达到满意的艺术效果(见图4-3、图4-4)。

在我国,图案的发展有着悠久的历史,在人类生活初期就已出现,它是人类生活中原始本能的再现。人们利用装饰语言来表达对美的追求和向往,其目的是使人更好地生存、更愉快地生活。随着时代的发展变迁,以及生活条件、生产方式的变化,人们对美的追求也在变化之中。几千年来,中国人民在不同历史时期创造了各个时代的生活制品及装饰品,这些制品不仅造型优美，而且与其构成一体的装饰图案风格各异、变化多样，既具有民族特色又具有时代风格，充分显示了创造者的聪明才智及各种不同的风俗民情。了解和研究这些图案，继承其精华，不仅能提高设计者自身的修养和图案创作的水平，而且对民族传统文化的延续具有深远的意义。

图 4-1　衣服花纹

图 4-2　青花瓷餐具

图 4-3　农民画《绣花姑娘》

图 4-4　云南白族口水兜

一、新石器时代

早在五六千年前的新石器时代，我们的祖先就在最原始且简陋的条件下创造了灿烂的彩陶工艺。彩陶艺术充分显示了先民们对美的向往与智慧，其简练的形式与深刻的寓意为后人的艺术创作提供了丰富的借鉴，它不仅在造型上同时也在纹饰上取得了辉煌的成就（见图 4-5～图 4-7）。

图 4-5　庙底沟植物纹彩陶盆

图 4-6　鱼纹彩陶盆　　　　　　　图 4-7　变体鱼纹彩陶盆

二、商周时期

商、周两代是青铜器艺术的辉煌鼎盛时期，青铜器所呈现的雄伟造型、刚健线条以及极富装饰美的神秘纹样，闪烁着东方艺术特有的美（见图 4-8）。青铜器也是皇权贵族表示权力和等级的象征（见图 4-9），这使这一时期的图案纹样既有受压制感又饱含巨大的精神力量。

图 4-8　饕餮纹　　　　　　　　　图 4-9　商代青铜象尊

三、春秋战国时期

这一时期的青铜器一改商周青铜器装饰纹样的神秘莫测、奇异凝重的特征，呈现出清新活泼的新风貌,表现出多样性和地方性的艺术特点。在装饰纹样上,题材推陈出新,并开始出现有故事情节的场景,动物、人物、几何纹饰、风景同时出现在一个图形中,增加了许多反映现实生活内容的日用器和工艺品,如金银器、漆器、玉器、刺绣、丝织等,注重装饰的同时,充分体现材料本身的美。

图案构成上体现了自由奔放的特点(见图4-10),左右对称,二方连续(见图4-11)和四方连续的样式以及自由填充式都很多见,并注重空间层次感。以方圆结合的线和形构成了图案纹样的基本特征,形成了一种自由活泼、形式丰富的多元化装饰风格。

图4-10 自由活泼 形式丰富

图4-11 左右对称 二方连续

四、秦汉时期

秦代虽历史很短,但在统一体制和文化建树方面,却有着重要的历史作用。由于国家的统一,生产力得到了进一步的发展,经济的繁荣促进了文化的进步,带动了手工业制作及装饰艺术水平的提高,出现了规模巨大、气势宏伟的工艺美术作品(见图4-12),反映在图案造型与纹样上,充满了对现实生活的充分肯定,人对"神"的征服,具有深沉雄大的气魄。

强盛发达的汉代,工艺美术达到了前所未有的繁荣,这时菱纹、几何形的图案丰富多彩,纹样大致有云气纹、涡卷纹、夔纹等。

图案有各种瑞兽祥鸟、花草鱼虫。其中,青龙、白虎、朱雀、玄武被称为"四灵"(见图4-13),是汉代吉祥和方位的象征,是装饰图案中的重要题材。汉代的图案不同于远古时的图腾艺术,也不同于商周的饕餮艺术,这时期的作品追求"神似",并注重整体效果,形成了独特的风格。采用左右对称,强调四方八位,即汉代九宫格、米字格、太极图形的图案格局,格律严谨,把中国图案推向简练、严谨而又丰富的境界,使中国图案不断地推陈出新、百花齐放。

图4-12 秦代兵马俑

图4-13 汉代"四灵"瓦当

五、魏晋南北朝时期

魏晋南北朝时期因战乱分裂，工农业生产受到严重影响，文化的发展也不平衡，生活清苦，反映在人们的精神领域，作为士人则是崇尚清淡，摒弃世俗，而众多的民众则是借佛教的意识作为寄托，因而该时期佛教盛行，一切工艺美术制作大都染上宗教色彩，产生了众多精美的佛像以及大量的浮雕彩绘等装饰图案。图案的内容主要是飞天、仙女（见图4-14）、祥禽瑞兽，还有频繁出现的莲花纹样（见图4-15）和忍冬纹样（见图4-16）图案。独幅式的装饰画形式占据主导，也有不少连续图案形式。

图4-14　飞天、仙女纹样

图4-15　莲花纹样

图4-16　忍冬纹样

六、唐朝时期

唐代是我国封建历史发展的高峰，国家出现了空前繁荣的局面，成为封建社会最为昌盛的时期。人民安居乐业，对外交流与贸易频繁，文化异常活跃，佛教文化也得到了进一步的发展，工艺美术获得全面的兴盛和繁荣。这一时期的图案纹样丰富多彩，风格独特，其中以花、鸟、瑞兽纹为主要装饰题材。由于思想解放，博采众长，使得唐代的装饰艺术更加丰富、丰满、富丽、华贵，鸟兽成双，左右对称，枝繁叶茂，花团锦簇，呈现出勃勃生机。

唐代纹样种类更为多样，有盘龙、对凤、狮子、麒麟、天马、孔雀、鸳鸯、鹦鹉、团花（见图4-17）、莲花、宝相花（见图4-18）、折枝花、卷草（见图4-19）等近百种。唐代的图案构成形式也十分丰富，有单独、散点、对称、旋转、放射、满花等，总之装饰上富丽堂皇、雍容华贵、题材丰富、结构饱满，其图案形式为大气恢宏的唐风。

图 4-17　团花纹　　　　　图 4-18　宝相花纹　　　　　图 4-19　卷草纹

七、宋元时期

宋代装饰艺术成就最为辉煌的是陶瓷艺术，官窑和民窑争奇斗艳，出现了汝窑、官窑、定窑、钧窑、哥窑五大名窑，流派众多，制作技术很高，造型和装饰手法丰富多彩，作品达到了十分完美的艺术水平。宋代陶瓷端庄的造型，晶莹、淡雅的色彩，清秀大方的图案装饰代表了这一时期文雅、凝重的艺术风格（见图4-20），这种艺术风格在中国早期陶瓷的粗犷与后期清代陶瓷的细腻风格之间获得了完美的平衡。在宋代图案中，花卉是主要的装饰题材。宋朝灭亡后元朝建立，装饰艺术上元朝也有不少新的创造，不再以清秀、文雅的文人风格为时尚，装饰纹样具有豪放、粗犷的艺术特色（见图4-21）。

图 4-20　北宋磁州窑花瓶缠枝纹　　　　图 4-21　元代栀子纹剔红盘

八、明清时期

明代是我国工艺美术全面发展的强盛时期。陶瓷生产以景德镇为中心，青花、五彩、斗彩、颜色釉都取得了很高成就；金属工艺中出现了金碧辉煌的景泰蓝，色泽多样的宣德炉；明式家具，以其造型、用料以及制作的精巧，成为古典家具的典范；织锦以缠枝花、散点等为特色，雍容大方，气势宏伟。明代图案有继承也有发展，云、龙、花、草纹样甚是流行，而花、草纹受绘画影响，有"岁寒三友"（松、竹、梅）、"四君子"（梅、兰、竹、菊）等。另外，多吉祥博古纹、几何文字纹，出现了"图必有意，意必吉祥"的风气（见图4-22）。

清代的工艺美术，以纤巧、华美著称（见图4-23）。品种丰富多彩，形成了不同的地方特色，但清代工艺过于重技巧、求堆饰，存有烦琐的弊病。清代图案承明代样式，更倾心吉祥图

模块4　图案与手工制作

案。另外，此时外来纹样进入中国，但与传统纹样没有很好地融会贯通，有弄巧成拙之感。

图 4-22　明成化云鹤纹　　　　　图 4-23　清朝乾隆粉彩转心瓶

【习题】

不同时期的图案有何表现手法？

 知识拓展

现代装饰图案

现代装饰图案随着现代生活、生产的进步，在各类现代艺术、现代观念的撞击磨合中得到了空前的发展与完善。包豪斯学校开创的三大构成课程中，对形式、空间、色彩科学而理性的认识以及所形成的现代设计方法，对现代装饰图案设计产生了深刻的影响。现代设计赋予图案以全新的设计理念以及功能与形式，使之具有崭新的现代面貌，并获得了更加旺盛的艺术生命力。在幼儿园理论体系中，现代图案已改变传统图案的构成形式，从幼儿心理出发，赋予图案新的生命力。

任务 2　图案的形式美法则

古往今来，图案无处不在，从古代传统图案纹样到现代图案设计，图案一直存在于服装设计、建筑设计、室内设计、品牌包装等之中，而形式美法则是装饰图案的灵魂，着重强调图案形式的表现。所谓图案的形式，即是指图案的内容加之图案相应的造型、所应用到的色彩以及其组织结构等要素所直观表现出来的样式。图案的形式美法则主要有变化与统一、对称与均衡、条理与反复、对比与调和、节奏与韵律等几种法则。

一、变化与统一

变化与统一又称多样统一，是图案构成要素之一。它是指图案中的形态的大小、长短、疏密、方圆、位置高低的对比，以及色彩深浅、冷暖的变化，均要有统一协调的关系。对比是变化的运用，调和是统一的体现。变化与统一在图案的造型设计中无处不在。在图案的造型中，各种构成因素的差异和同一性的恰当组合，组成艺术作品完美的艺术效果。

变化是一切艺术造型中普遍采用的一种对比手段，用以加强艺术感染力。事物都是通过比较，才显现其差异和特征。在图案中，变化是差异性的强调，它是求得变化的重要手段，就是将分量、形状、性质等完全相反的因素，组织在一起，相互衬托，更加鲜明地突出各自的特征。

统一是形象及其要素的同一性和类似性的显现和强调，它是构成形、色、量和画面各个部分的组合。它包含两层意思：其一是强调统一性质部分的共同性和它们的内在联系，缩小差异性或使差异性有主有从，彼此和谐、相互联系，产生同一性；其二是不同因素的恰当组合、层次分明、赋之以秩序，其作法常常是一方面运用对比的手法，另一方面运用调和的手法，使它们在交叉中取得"多样统一"的整体效果（见图4-24）。

图4-24 变化与统一

总之，在图案设计中，只要有两个以上的因素存在，就会存在谁主谁次的问题。在设计的变化与统一中，各种因素不能同等对待，而是要有主有次，变化中有统一，统一中有变化，要因时因地，灵活掌握。

二、对称与均衡

对称与均衡是图案最基本的组织形式（见图4-25）。对称是以中心轴为准，使上下或左右各种元素呈完全相同的状态。对称可以产生安定与统一的感觉，自然界到处都可以发现对称的因素，对称是一种常见的规律，其构图具有庄重、整齐的美感。

均衡在画面中是一种视觉因素的稳定，人们可以从形的大小、色彩、位置、质感等方面来达到视觉上的平衡。它符合人们心理上的要求，人们往往在心理上要达到一种力的均衡，画面中的各种因素的组合以不失调、不失去重心为原则。

均衡较对称更容易达到活泼、生动的效果。在具体应用时，可以在稳定中求得变化，求得视觉上的表现力。对称是均衡的发展和变化，适当改变结构就能使均衡变为对称。

三、条理与反复

条理与反复是图案组织的重要原则，也是图案的基本组织方法，它能够使图案显示出整齐的艺术美感。

图 4-25　对称与均衡

条理，可以理解为有秩序、有规律，是指在图案画面的变化和组织中显示出来的规律性的美和规律化的因素，也就是说在复杂的物象之中，通过对物象的归纳概括，提炼总结，将其运用到作品画面之中，使画面规律化、秩序化，成为变化有序的统一体。任何事物的有机变化都应该是有秩序性的，图案相对来说就是一种典型的秩序性艺术。

反复本身也是一种条理，即重复的条理，具体指完全相同或者相似的形象在画面中重复出现或者进行有规律的连续排列，从而使画面富有统一感的美。

经过条理化和反复化的组织处理，可以使极不统一、不协调的形和色得到浑然一体的良好视觉效果（见图4-26）。

四、对比与调和

对比与调和是图案的基本手法，也是在图案中取得变化和统一的重要方法（见图4-27）。

对比也称作对照，在人们认识事物之间的区别时所用到的根据就是对比。它主要是指在图案中互相具有差别或者互相矛盾不相称的因素，诸如造型、色彩、材质等因素组合在图案的同一画面之中，彼此作为对照而产生因素差异的现象。准确地来说，对比是变化的一种形式。

调和主要是指图案中相似或者相近，甚至是相同的因素进行组合，最低限度地减少图案画面中各因素之间的差异性，从而使各因素能够构成图案形式的整体并使各因素呈现出较明显的一致性，也就是说调和即统一。

在具体的图案设计中，要恰当处理好对比与调和的辩证关系，对比中应有调和的因素，把画面中构成强烈对比的各个因素协调统一，使整体之间的对比不会太过激烈，使画面趋于缓和。

图 4-26　条理与反复

图 4-27　对比与调和

五、节奏与韵律

节奏与韵律无本质区别,是图案较为抽象的形式法则,是条理化的、秩序感的重复所产生的形式美(见图4-28)。

节奏是音乐术语,韵律是诗词术语。图案的节奏是通过形象及其要素的有秩序的反复和刻意安排而形成大小比例、疏密间隔、长短高低、虚实间隔等变化来实现的。图案的节奏,实质就是空间形象的反复与变化,引起人们的视线在时间上有秩序地运动。

模块4　图案与手工制作

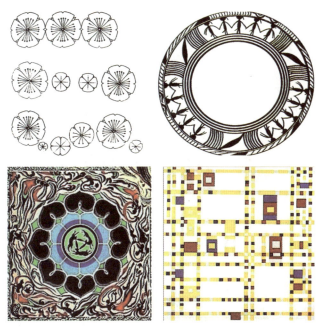

图 4-28　节奏与韵律

图案的韵律就是有变化的反复，它是构成图案韵律的基础和条件。它要求有组织有变化的相互交替。它是形象及其要素在节奏基础上的完美组合，和音乐的韵律一样，是一定内容和思想感情在节奏中的体现。在图案的节奏中，赋之形象及其要素的秩序变化，通过线、形、色的聚散、转换更替、交错重叠、逐层渐变、回旋反转等纵向复合，从而体现一定的内容和思想感情。图案的韵律就是作者主观意向的体现。

节奏和韵律有着密切的关系，它们之间相互联系、相互衬托、相互依赖。没有节奏就没有韵律，而节奏又包含一定的韵律因素。节奏和韵律是相辅相成、不可分割的两个方面。

图案的形式美法则是相互联系、相互依赖的，不能孤立看待。虽然它们会不断地发展，不断地创新，但已成为图案作品和设计构思的理论依据，是长期以来实践经验的总结和理论依据，在图案设计中无处不在，理论从实践中来并指导实践，但不能代替实践，要掌握它们还需要通过反复实践和运用。形式美不是创作完美作品的唯一法则，但却是引领人们在设计中把握刻度的优秀定律。

【习题】

运用学到的五种形式美法则完成一幅图案装饰画。

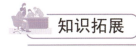 知识拓展

国旗的设计方案

现今对国旗的解释，红色的旗面象征着革命，而黄色的五角星则能在红地上"显出光明"，且黄色亦较白色美丽。旗上的五颗五角星及其相互联系象征着共产党领导下的中国革命人民大团结。四颗小五角星各有一尖正对大五角星的中心，代表着围绕一个中心的团结。国旗图样的设计方案来自一个普通的职员——曾联松之手。当图样送到周恩来总理的办公桌

上,周总理捧在手里,反复地看了一遍又一遍,高兴地对身边的工作人员说:"好,好!我觉得这个设计很好,寓意鲜明深刻。这红旗象征着无数革命先烈用鲜血染红的大地;这一颗大的五角星和四颗小五角星,象征着中国各民族人民紧密地团结在共产党的周围。"不管是美观度,还是寓意,它都满足所有条件,所以,五星红旗一出现,就获得了狂风暴雨般的掌声。

任务 3　图案变化的表现方法

图案变化的法则是在写生的基础上对原有物象进行省略、提炼、夸张和概括。为了更好地了解物象甚至进行形体的解构变形处理,通过想象与联想适当进行形体添加,赋予吉祥的寓意,这些变形手法经过长期的积累并且符合人们的审美习惯。

一、简化法

在艺术创作中做加法容易,做减法难,加与减是矛盾的统一体。在描绘特定的形象时,减的目的往往是为了更好地添加,为了突出主体形象的本质特征而使画面形象更明确、更集中、更引人注目,以取得更完美、更具装饰性的画面效果。换句话说就是省略细节,突出整体形象,这是装饰图案变化的基础(见图4-29~图4-32)。

图4-29　线型简化 大象

图4-30　线型简化 天鹅

图4-31　线型简化 松鼠

图4-32　线型简化 长颈鹿

二、夸张法

夸张是变化的重要手段之一，它是在省略的基础上强调对象的主要特征，但不仅仅是对形象的简单放大，而是运用丰富的想象力对物象的神态、表情、局部等特征加以艺术性的强调，使其形象鲜明、富于个性。夸张是根据创作需要对形象做人为的放大、缩小、疏密、强化、曲直等艺术处理，打破原有物象的形态，获得常规状态下不可能呈现的形态。

夸张从形体上可分为整体夸张、局部夸张、透视夸张、适度夸张、动态夸张等。

（1）整体夸张是使形象从整体特征上变得更加突出，个性更加明显，如胖的更胖，瘦的更瘦，高的更高等。

（2）局部夸张是将人物或者动物等物象进行眼睛、头发、嘴巴、四肢等局部变形，以突出主题，凸显形象的典型性（见图4-33和图4-34）。

图4-33 油画人物像

图4-34 夸张拟人卡通形象

（3）透视夸张是利用透视原理，对物象进行方向、空间、动势等方面的变形，纵深角度上的变形可以改变以往的审美角度，得到特殊的视觉效果。

（4）适度夸张就是受到周围边框的限定，利用有限空间的限定，变不利因素为有利因素，使形象能够依照限定空间进行有效的变形。

夸张从色彩上可分为色彩纯度的夸张、明度的夸张、冷暖的夸张等，目的是强化主观色彩意向。夸张手法的运用要恰到好处，形象、色彩处理得是否具有意味，主体是否能够突出、是否能够很好地表现创作者的情感与主张，是衡量夸张变形是否得当的标准。夸张的目的是使形体更优美动人，更有审美特征，更具个性化，更具有艺术的魅力。如果只注重局部而忽略整体特征，就会缺乏感染力。夸张不是简单的技术问题，而是创作者对物象与生活的理解与体验，充满想象力、联想与趣味性。

三、添加法

添加法是图形设计中常用的表现方法，是借助添加的方式来传达出新的信息和新的观念，以客观物象为参照，在形象经过省略、提炼、夸张、变形后，为了使形象更具装饰性、丰富性而进行的艺术加工。如图4-35和图4-36所示，打破了对原有自然形态如实反映的构形方式，打破了自然界时间与空间的限定，发挥想象力将某种物形添加到另一个物形之中。这种添加绝不是一种主观的、任意的堆砌，而是在想象的意念中将某些图形融入一个单纯的结构之中，构成一个复合的图形，使两个不相干的事物融为一体，成为统一的、有创造性的设计图形，是形的巧妙运用。想象是添加图形设计的原动力，图形的添加模式可以改变事物本身的存在关系，是复合式的创意方法。添加可以使原有内容在新内容的衬托下更加协调，更引起人们遐想，增添新的意境与含义。我国的年画与民间剪纸往往采用这种形式，在图形设计中，通过想象使不同时空的事物呈现在同一画面，寄托了对美好生活的追求和期望。例如，我国的龙、凤形象，就是采用添加法创造出来的，它们是现实生活中并不存在的事物，在长时间的形象积累创作中，添加了不同动物的构成元素，最后演变成了今天人们所熟知的形象，传达着人们对美好事物的向往。

图 4-35　局部纹理夸张

图 4-36　拟人夸张

四、分解组合法

分解组合也叫打散构成，它是将物象的自然形体打散，分解成若干部分，再按照设计构思重新组合成一种全新的形象。打散后的形象处理手法与总的构图形式要和谐统一，不要有生硬之感，要有巧妙的含而不露、自然舒畅之感。（见图 4-37、图 4-38）

（一）按自然形分解组合

按自然形分解组合指像拆卸机器零件一样，将物象的各部分分解开来，然后按照设计构思的新的方式进行组合，如毕加索的某些作品中腿长在头顶上、手从肚子里伸出来等，作品超出常态，给人以荒诞不经和新颖别致的感觉（见图 4-39）。再如某广告上用多条连续排列的腿来表现舞蹈女郎的舞蹈运动姿态等。

（二）按分割线分解组合

按分割线分解组合指以分割线将物象分割成若干部分，然后按照设计意图，将部分形象在分割构图线中做移位组合（见图 4-40）。分割线分为规则分割线和自由曲线分割线。

模块 4　图案与手工制作

图 4-37　建筑物分解组合 1

图 4-38　建筑物分解组合 2

图 4-39　按自然形分解组合　　图 4-40　按分割线分解组合

(三) 嵌合、重叠组合

物象相互嵌合，互为相交、相嵌，形成共用形，有天趣妙成之感，还可以采取重叠、透叠等方法，将图与图、图与底有机地结合起来。这种表现方法具有一种趣味感和荒诞意味，耐人回味，不同寻常，同时图形本身又具有强烈的装饰感（见图4-41）。

图4-41　嵌合、重叠组合

五、象征、寓意法

象征法是以某种具体事物表现抽象概念，取其相似或相近的方面进行类比，以表达特定的含义（见图4-42、图4-43）。象征法在我国传统图案和现代标志中被广泛运用，如鸽子象征着和平、松树象征着长寿等。

图4-42　象征法图案1

图4-43　象征法图案2

寓意法是借物托意、以具体实在的形象比喻某种抽象的情感意念，如传统图案中的桃、梨、鱼、蝙蝠、鹿等形象，因其谐音分别被赋予了一种有意味的形式，如图4-44和图4-45所示。

模块4　图案与手工制作

图 4-44　寓意法图案 1　　　　　图 4-45　寓意法图案 2

【习题】

深刻了解图案变化的表现方法，将其合理运用在不同图案当中。

 知识拓展

所谓共生法就是将图形与图形之间的边缘线相互重合。图形与圆形，相互借用、互为依存，构成了共生的结构。这就像两间房子中间的墙，有着共同的分界线，以一个形体的轮廓线显现另一个形体，两者是一种互借的关系。古代艺术家已经发现这种图形的趣味性，如中国明代铜铸的"四喜"童子，两个头共用四个身；莫高窟的"三兔三耳"纹样，三只兔子共用三只耳朵，环绕着相互追逐。这类图的共生、阴阳共存的创意形式在图案设计中备受青睐。

 任务 4　图案的组织构成形式

图案的分类有很多种，总的说来可以分为平面图案和立体图案两种。图案组织形式主要从平面图案方面进行具体研究。为了适应不同的装饰对象，图案可以占据整个空间，也可以缩小到某个局部，因此图案的装饰形式包含以下多种形式。平面装饰形式分为非连续性和连续性两个大方面，其中非连续性包括适合纹样、自由式、切取式三种形式；连续性包括装饰带（可连续也可不连续）、二方连续、四方连续、连缀式四种形式。其中，二方连续又包括散点式、垂直式、水平式、倾斜式、波状式、回纹式六种骨架形式；四方连续又包括点网状、网状两种骨架形式；连缀式包括菱形连续、梯形连续、方形连续、转换连续，波形连续五种骨架形式。

一、单独纹样

单独纹样就是具有独立性质的图案纹样。它的特点是作为一个单元体，其表现手法、组

织形式不受外形和任何轮廓的局限,能够独立存在。单独纹样是构成图案的基本元素,它可以独立对器物进行装饰,也可以组成不同的形式应用。

单独纹样由于所处的空间形势比较独立,构成形式有均衡式与对称式两种。均衡式类似于国画中的"折枝",构成形式比较自由,图形不需要重复排列,也没有固定的外形轮廓,可以上下、左右延伸,具有独立应用的价值。对称式又称均齐式,可分为相背式对称与相对式对称。相背式对称是由中心向外伸展,成背立形态;相对式对称是由中心向内伸展,成对立形态。单独纹样无论何种形式都能很好地适应装饰需要,是图案中必不可少的构成元素,如图4-46~图4-48所示。

图4-46 单独纹样

图4-47 大门铁花图形对称式的单独纹样　　图4-48 蓝印花布对称式纹样

二、适合纹样

适合纹样是指将一种纹样适当地组织在某一特定的形状范围之内,如圆形、方形、三角形、六角形、扇形、不规则形等。纹样在这些形体中要伸展自然,有疏密变化,比例适当,空间协调，其外形要求单纯、明确、整齐和适中，如图4-49~图4-54所示。

图4-49 陕西安塞牌牌花样

图4-50 适合纹样样式

图4-51 均衡式适合纹样（三角形）

图4-52 对称式适合纹样（旋转）

图4-53 对称式适合纹样（放射）

图4-54 均衡式适合纹样（圆形）

适合纹样的骨架具有对称式和均衡式两种构成形式。

（一）对称式

对称式适合纹样具有严谨的结构，属于规则的组织形式，图案采用上下对称、左右对称、平等分配、对角对称形式，具有稳重大方、庄重典雅的特点。对称式骨架可分为直立式和放射式两种形式。

1. 直立式

直立对称式适合纹样以向上直立的纹样为中心，分别向左右两侧对称构成。这种对称形式比较呆板，如果能够灵活掌握，适当添加辅助图形，就可以产生灵活的画面形式（见图4-55）。

2. 放射式

放射对称式适合纹样包括向心式、离心式和回旋式，在中心位置布置图形，图形围绕交叉点或中心点向内聚集或向外扩散。向内聚集的称为向心式，向外扩散的称为离心式，这种构图形式具有灵活性、富于变化，但是图案组织起来有一定的难度，要照顾图形的相互关系与衔接关系。回旋式较向心式和离心式骨架更具动感，它的放射方式、方向、纹样大致相同，犹如运动状态的轮胎或风车，动感十足（见图4-56）。

图4-55 对称式适合纹样（直立式）

图4-56 对称式适合纹样（放射式）

（二）均衡式

如图4-57所示，均衡式适合纹样是在对称式适合纹样的基础上发展演变而来的，它比对称式更加自由灵活，通过图案的优美造型与线条的相互牵引而达到一种视觉上与心理上的平衡。

三、二方连续纹样

二方连续纹样指将一个"单独纹样"作为基本单位，按照一定规律进行重复排列连接，或向上、下或向左、右或是向上、下、左、右四个方向反复、连续的纹样。排列的方式很多，如均齐的排列、平衡的排列或混合式等，运用纹样的反复节奏获得美的韵律，应用面很广，通常的花边均用这种组织方法，如图4-58所示。

图4-57 均衡式适合纹样骨架示意图

模块 4　图案与手工制作

图 4-58　二方连续纹样

二方连续纹样的基本骨架（见图 4-59～图 4-64）有以下几种形式。

图 4-59　采用直线式骨架 1

图 4-60　采用散点式骨架

图 4-61　采用波线式骨架 1

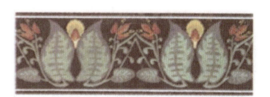

图 4-62　采用直线式骨架 2

图 4-63　采用波线式骨架 2

图 4-64　采用波线式骨架 3

（1）散点式：以一个或两个以上同样的图形或不同图形作为基本单位，依据相等的距离左右或上下方向排列，形成散点形式。这种构成形式比较简单，适于制作，能够生成安定、稳重的效果。

（2）垂直式：具有明显的方向性，图形与边线向上或向下作垂直状，分为悬垂式或向上式两种。悬垂式适合于表现葡萄、黄瓜、吊兰等植物，它符合植物的生长规律，所以画面具有上升的感觉；向上式适合于大多数动物、植物、风景的表现，具有普遍性。

（3）斜线式：以倾斜线作为骨架进行连续，可以左右，还可以相互交叉，变化形式比较灵活，可以根据具体图形加入纹样填充，这样组成的纹样具有动感，适合表现飞禽和走兽。

（4）波线式：骨架由波线构成，波线可分为单波线和双波线，波线可以作为纹饰出现在边缘，也可以作为主体出现在结构内部。波线式表现比较灵活，运动感、视觉连续性强，生动活泼。

（5）折线式：它与波线式的骨架基本走向相同，但是折线式是由倾斜的直线构成，波线式是由曲线构成；折线表现比较直白，波线表现比较含蓄、圆润。如图4-65所示，为二方连续纹样的骨架应用。

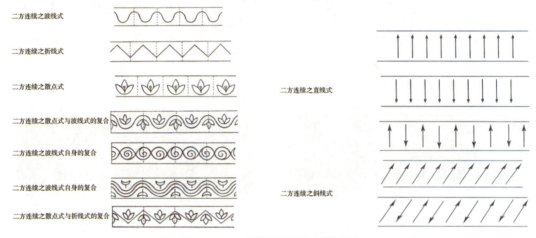

图4-65　二方连续纹样的骨架应用

四、四方连续纹样

四方连续纹样是可以向上、下、左、右四个方向无限扩展的图案，它同样重视良好的衔接关系（见图4-66）。做出一个单元的图案，向四面衔接时不能留有明显的拼接痕迹。连续纹样应用范围比单独纹样更加广泛，大量出现在日常生活的各个方面：古建筑的窗格边框、门框上；现代室内的地毯、瓷砖、墙线装饰、铁艺栅栏上；纺织品桌布、床单边饰及各种装饰布边上；实用生活器物盆边、碗边、碟边，还有服装衣摆、围布边饰、富有民族风格的挂包上等。

四方连续纹样的构成形式是在单元格内进行大小不同形态的散点分布，或是在一个几何骨架内进行图形组织与构建，通过反复、重叠等构成形式形成统一体。由于四方连续纹样要以最终的大面积效果为审美标准，所以在设计时，无论图形还是色彩要避免过于凌乱，要协调统一。四方连续纹样的骨架形式有以下三种。

（一）散点式

散点式四方连续纹样在一个单元格将单位纹样做相同方向或上下、左右排列，形成连续性（见图4-67）。散点式的骨架要注意整体分布，由于骨架是隐形的，所以要避免出现过大的空隙，不能造成视觉的不连贯；由于分布比较整齐易造成呆板的效果，所以在分布时要注意单个纹样的生动性。

图 4-66　四方连续纹样

图 4-67　散点式四方连续纹样

(二) 连缀式

连缀式四方连续纹样具有灵活的构成形式,是四方连续中应用范围广泛的骨架形式,它可以产生连绵不断的视觉效果,多应用在纺织品中(见图 4-68)。纹样骨格采用方形、圆形、菱形、阶梯等形式。连缀的方法是选取一个基本单位依照骨架进行纹样设计。

(三) 重叠式

重叠式四方连续纹样就是将两种以上的纹样进行重叠排列(见图 4-69)。这样的图形组织比较饱满、纹样相互穿插、变化丰富,每一个单元又自成一体,既能有效地统一,又具有灵活多变的特性。重叠式在组织时要避免过于杂乱,应主次分明、错落有致。

 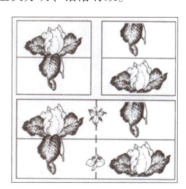

图 4-68　连缀式四方连续纹样　　　　图 4-69　重叠式四方连续纹样

五、角隅纹样

角隅纹样是指装饰在形体转折部位的纹样，又称"角花"，有直角、钝角、锐角之分。角隅纹样可以单独使用，也可以与边缘纹样配合使用（见图4-70）。角隅纹样的构图有对称式和平衡式两种。角隅纹样的用途较广，如枕套、床单、台布、地毯、围巾等。

图4-70　角隅纹样

六、边缘纹样

边缘纹样是装饰形体周边的一种纹样，一般是用来衬托中心花纹或配合角隅纹样，也可独立用于装饰形体边缘（见图4-71）。边缘纹样与二方连续纹样不同的是，二方连续纹样可以无限伸展，而边缘纹样则受外形的限制。

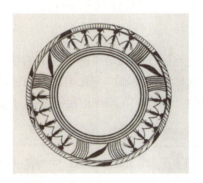

图4-71　边缘纹样

【习题】

通过对装饰图案形式法则的综合运用，熟练表现图案的骨架形式、变形方法，提高整体设计能力。

模块4　图案与手工制作

知识拓展

地毯作为生活日用品，是二方连续、四方连续、角隅纹样、边缘纹样的综合体，是图案变化中运用骨架最多、图形元素最为丰富、组织最为复杂的应用之一。在生产、生活中，为了能够更好地运用图形、掌握构成规律，就需要进行相关形式的训练。例如，选取花卉作为设计元素进行平面化处理，花卉采用对称式表现形式，主体采用绿色背景进行明度与纯度变化，中心图形的花卉并没有占据整个画面，大量的空白起到了烘托边缘纹样的作用，着重表现边缘纹样。花卉形式比较简洁，色彩采用类似色相对比。虽然采用了相对写实的色彩，但由于组织有序，同时进行了概括、提炼，所以整个画面比较和谐。

任务 5　图案在手工制作当中的应用

一、剪纸

剪纸造型的显著特点是要抓住所要塑造对象的特征和便于装饰的因素，加以变形、夸张、概括。例如，剪纸作品中所表现的高过幼儿头部的大白菜（见图4-72），两人抬不动的大西瓜（见图4-73）等夸张造型，反映了理想化的创作和浪漫的表现手法。作品洋溢着浓厚的生活气息，给人一种单纯、质朴的美感，合理地对所要表现的对象进行概括、提炼，产生了醒目的视觉效果，用简练的造型表现作品丰富的内涵，使其富于时尚感与简约美。

图4-72　剪纸样品1

图4-73　剪纸样品2

剪纸的装饰纹样极为丰富，有锯齿纹、月牙纹、涡云纹、水纹等，较为广泛使用的是锯齿纹和月牙纹两种（见图4-74）。

二、染纸

染纸的纹样取决于纸张不同的折叠方法以及所夹扎、浸染的不同形状与位置。折叠是形成纹样的基础，折叠犹如染纸的骨骼，运用不同的折叠方法会形成不同的构成样式，因此，作品的视觉效果也不同。

图4-74　锯齿纹和月牙纹

在染纸时可以根据所剪内容设计好纹样与色彩,剪纸时合理利用这些因素,使剪出的窗花优美动人,也可染后根据纸张的色彩与图案,相应剪出适合的纹样。例如,多面对称纹样染纸窗花,是采用放射状折叠方法,如图4-75所示为冷色调,如图4-76所示为暖色调,而图4-77同为多面对称纹样,它是采用揉纸团、蘸色的方法,这样染出的纸张纹样、颜色无规则,但效果自然生动。

图4-75　染纸窗花1

图4-76　染纸窗花2

图4-77　染纸窗花3

三、剪贴画

剪贴画任何一个构思都要通过对材料的选择、加工来体现。用恰当的材料表达思想,表现个性,传递情感,对于剪贴画的创作尤为重要。

模块 4　图案与手工制作

在主题确立之后，要根据自己所要表达的意境，选择适宜的材料。如图 4-78 所示女孩的衣服用深蓝色的纸，衬上白色的小花极具民族特色，大红底色很好地渲染出喜庆的气氛，合理地选择与使用纸张有助于更好地实现自己的构想。偶然得到的材料有时也会触发创作的灵感，如废旧的挂历纸、包装纸、广告纸、画报纸等，根据这些材料的不同特点进行想象、剪裁、粘贴，构思要依材料的特性而决定，这有一定的偶然性，但在制作的过程中，可以充分发挥想象，尽可能巧妙利用手中现有材料的图案、色彩剪贴出所设计的画面（见图 4-79~图 4-81）。

图 4-78　剪贴画 1

图 4-79　剪贴画 2

图 4-80　剪贴画 3

图 4-81　剪贴画 4

【习题】

了解图案在手工制作当中的作用；学会运用图案知识提高手工制作的水平。

小　结

在培养幼儿教师时，要教会他们能够充分地利用幼儿的手工制作作品，将其应用到幼儿园环境的创设中去，从而为幼儿提供自主创设幼儿园环境的机会，使幼儿成为幼儿园环境建设的直接参与者，以进一步提高幼儿园环境对于幼儿的教育功能。图案在手工制作中的应用广泛，需要充分挖掘图案在手工制作方面的功能。

平面纸工造型

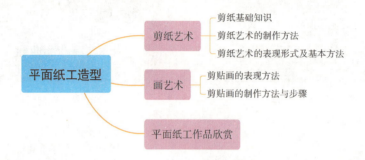

学习目标

掌握剪纸艺术的表现方式与表现技法。唤起并激发学生对民间艺术的热爱，培养学生的兴趣，进一步提高学生认识美、感知美、创造美的能力。

重点

理解和掌握纸艺的造型装饰手法，培养学生创造性地设计能力。

难点

正确把握纹样的连接与完整性以及纸工粘贴艺术性。

模块 5　平面纸工造型

纸工，是以纸为材料，以平面或立体构成为基础，利用纸的特殊性能以及相应的表现技法，制作平面或立体的纸质工艺品的造型技巧。

它的表现形式多种多样，如剪纸、剪贴、撕纸、染纸等；表现内容极为丰富，人物、动物、植物、景物、生活用品等都可成为塑造对象。制作平面纸工的纸材种类很多，有万年红、皱纹纸、包装纸、卡纸、绵纸等。纸的色彩、质地不同，作品产生的效果也不同。

这里主要讲剪纸、纸贴画等艺术形式的造型特点，以及剪、刻、粘贴等技能，同时培养学生善于发现美、欣赏美、创造美的能力，以激发创作灵感。

任务 1　剪纸艺术

一、剪纸基础知识

剪纸是中国最古老的民间艺术之一。剪纸是一种镂空艺术，在视觉上给人以透空的感觉和艺术享受。它是以纸为加工对象，以剪刀（或刻刀）为工具进行创作的艺术。

剪纸在民间流传极广，历史悠久。新疆曾出土了距今 1 500 余年的剪纸作品（对猴团花、对马团花）。

对猴团花剪纸（见图 5-1），内圈多用几何纹样组成美丽的花纹图案，内外圈之间，16 只猴子分成 8 对围成圆圈，每对猴子向背而立，又回过头来相对而视，一只前爪相携，另一只前爪攀着旁边的树枝，张嘴呼叫、回首顾盼，似乎嬉戏于林间之中，玩得不亦乐乎，极其生动。

对马团花剪纸（见图 5-2），是在六边形内，交错安排圆形、菱形、三角形组成一朵莲花，在六边形上，有 6 对相背而立的马，马昂首翘立，被刻画得雄健有力。

图 5-1　对猴团花剪纸　　　　图 5-2　对马团花剪纸

剪纸作为中国传统民间艺术的一种，在民俗活动中占有重要位置。南宋时期已出现了专业民间剪纸艺人。民间剪纸往往通过谐音、象征、寓意等手法提炼、概括自然形态，构成美丽的图案，具有较高的美学价值和浓郁的地方特色。例如，陕北的抓髻娃娃（见图 5-3）、山西的鹿头花（见图 5-4）。

图 5-3　陕北的抓髻娃娃

图 5-4　山西的鹿头花

　　精美的剪纸作品，常用于民间喜庆装饰，因其独特的艺术魅力，更使其在学校及幼儿园日常教育教学活动中被广泛应用，如课堂造型基础练习、环境布置、节日装饰以及制作玩具、教具等。

　　学习剪纸艺术，是提高艺术修养及锻炼造型能力的好形式。在巧妙构思、精心剪制的过程中，想象力、创造力及手、眼、脑协调活动的能力都会得到很好的锻炼，同时还能使热爱民间艺术的美好情感得到升华。

二、剪纸艺术的制作方法

（一）材料与工具

剪纸的材料与工具（见图 5-5）有如下的特点。

图 5-5　剪纸的材料与工具

1. 材料

　　质地稍薄且韧性较好的纸适合制作剪纸，如单面蜡光纸、洒金宣纸、手工纸、自制染纸等。质地稍厚的万年红适合刻纸。

2. 工具

　　要求刃口快，尖端齐的专用剪纸刀；刻刀是手术刀，能够换刀片的那种；美工刀用来分割纸；垫板用 PVC 材质的塑料板或是用多张报纸垫用也可；乳胶；装订机等。

（二）制作方法与步骤

1. 起稿

构思确定后，起稿布局，对画面进行具体的描绘，画出黑白效果，修改部分可用白粉。对初学者来说，稿子越细，刻起来越省事。若刻对称的稿子，画一半即可。

2. 剪刻

如用刀子刻，须将画面和纸用订书机订好，将四角固定在蜡盘上，为了保证形象的准确，人物先刻五官部分，花鸟先刻细部或紧要处，再由中心慢慢向四周刻，刀的顺序如同写字一样由上到下、由左到右、由小到大、由细到粗、由局部到整体。尽量避免重复刀，不要的部位必须刻断，不能用手撕，否则，剪纸会带毛边而影响美观。

3. 揭离

剪刻完毕后要把剪纸一张张揭开。单宣纸和粉连纸，因纸质轻薄，又经闷潮和上色，容易互相粘连，较难揭开，所以在揭离之前，必须先将刻好的纸板轻轻揉动，使纸张互相脱离，然后先将第一张纸角轻轻揭起，一力揭一边用嘴吹，帮助揭开。

4. 粘贴

揭离完毕后还需把成品粘贴起来，便于保存。方法有两种，第一是把剪纸平放在托纸上，用毛笔或细木条蘸糨糊由里向外一点点粘住，这种方法不能使剪纸全部粘平，速度也比较慢，优点是比较简便；第二是把剪纸反过来平放在纸上，然后用排笔蘸调稀了的糨糊，轻轻地平刷在要托的纸上，注意不要把纸刷皱，刷子上的糨糊一定要少，然后很快地把刷好糨糊的这一面扣合在剪纸的背面，用手轻轻压平，使剪纸全部平粘在托纸上。轻轻揭起晾干夹平保存。黏合剂除糨糊外，白乳胶也可以。

5. 成品修改

在刻时，有时会走刀刻坏，就不易修好，且彩色剪纸染错了是不能覆盖的，只能重新制定，所以无论在刀刻时还是在点染时都要非常认真、细致，一次成功。

三、剪纸艺术的表现形式及基本技法

（一）表现形式

剪纸艺术按剪刻技巧、色彩效果、折叠方式不同其表现形成不同。

1. 按剪刻技巧分类

剪纸艺术按剪刻技巧可分为阳刻、阴刻、阴阳结合、剪影和刻纸。

（1）阳刻剪纸（见图5-6）：把图案以外的部分剪刻掉，保留图案原有的点、线、面，阳纹剪纸一般需要笔笔相连。它的特征就是保留原稿的轮廓线，剪去轮廓线以外的空白部分。它的每一条线都是互相连接的。阳刻剪纸玲珑细致，一般南方剪纸多用此法。

（2）阴刻剪纸（见图5-7）：把图案自身剪刻掉，剩下的是图案以外的部分，通过衬纸反衬出图案的内容，阴纹剪纸一般要求线线相断。阴刻剪纸的特点是刻去原稿的轮廓线，保留轮廓线以外的部分，它的线条不一定是相连的，作品的整体是块状的。

图 5-6　阳刻剪纸　　　　图 5-7　阴刻剪纸

（3）阴阳结合剪纸（见图 5-8）：在传统剪纸中，完全只采用一种剪纸方式的作品并不多见，大部分是把阴阳刻两种方法结合起来，阳刻中有阴刻，阴刻中有阳刻，使得作品阴阳相济，互相映衬，画面效果更为丰富。一般是先利用阳刻将主体纹样的轮廓剪出，然后再进行阴刻的装饰修剪，也有时阴阳并行，相得益彰。

（4）剪影（见图 5-9）：剪影相对来说是剪纸中最简单的一种，着重于写实，是剪纸表现形式之一，主要通过剪外轮廓的影像来表现人物和景物，所以它最注重外轮廓的美和造型，用黑色或深色纸张比较合适。剪影需要直接在纸上运剪，从起剪到完成作品"一气呵成"，要驾驭这种技能需要深厚的剪纸功底。我国著名画家徐悲鸿也说过，剪影以"剪纸的形式"表现了一个"高级的造型心灵"。中国早期的皮影戏就有剪纸的影子。作为一门艺术，剪影是独具一格的。

图 5-8　阴刻结合剪纸　　　　图 5-9　剪影

（5）刻纸：刻纸是剪纸工具上的革命，技术上的革新，刻纸用的纸张比较绵薄，用自制的刻刀配上自制的蜡盘工作。它的优点是一次可以刻多层，高手达到几十层，适合商业化生产。因为使用刻刀，作品比剪更加精细。另外，刻纸可以做大幅画面的作品。刻纸强调技术性，相对剪刀工具的随心所欲来说有它规整的风格。真正的刻纸之所以叫"刻"，是因为它需要把刻刀垂直用力刻入，一下一下地往前推进。刻纸在我国多地都有，如湖南湘西踏虎凿花（见图 5-10）、江苏金坛刻纸（见图 5-11）、浙江乐清细纹刻纸（见图 5-12）、福建泉州刻纸（见图 5-13），都已经进入国家非物质文化遗产名录中。

模块 5　平面纸工造型

图 5-10　湖南湘西踏虎凿花

图 5-11　江苏金坛刻纸

图 5-12　浙江乐青细纹刻纸

图 5-13　福建泉州刻纸

2. 按色彩效果分类

剪纸艺术按色彩效果可分为单色剪纸、彩色剪纸和立体剪纸。

（1）单色剪纸（见图5-14）：这是剪纸中最基本的形式，由红色、绿色、褐色、黑色、金色等各种颜色的纸张剪成，主要用于窗花装饰和刺绣的底样。单色剪纸主要有阴刻、阳刻、阴阳结合三种表现手法。

用于刺绣底样的剪纸，常用剪刺结合的手法。刺是以针尖在花纹的细部刺出小型圆点，在一些部位留出"暗刀"，可以作为刺绣时套针换线的依据。

折叠剪纸、剪影、撕纸等都是单色剪纸的表现形式。

（2）彩色剪纸（见图5-15）：随着剪纸表现形式的探索和发展，彩色剪纸的形式和技法逐渐增多，有点染、套色、分色、填色、木印、喷绘、勾绘和彩编等。

图5-14　单色剪纸

图5-15　彩色剪纸

诸种形式各有自己的特色和独到之处：点染剪纸滋润、装饰性强；套色剪纸脆利、色块鲜亮；分色剪纸分色截然、色感丰富；填色剪纸则单纯、洁净、鲜明，给人不同的感受。

（3）立体剪纸（见图5-16）：立体剪纸既可是单色，也可是彩色的。它是采用绘画、剪刻、折叠、黏合等综合手法产生的一种近于雕塑、浮雕的新型剪纸。它吸取了现代美术的技巧，充分体现了写实与美术浪漫的特点，使剪纸由平面感变为立体化，可用于观赏造型及儿童的手工制作等。

图5-16　立体剪纸

3. 按折叠方式分类

剪纸艺术按折叠方式可分为对称式剪纸、二方连续纹样剪纸、多角纹样剪纸。

模块 5　平面纸工造型

（1）对称式剪纸：就是对称折叠，在剪之前将纸按照不同的折法折叠，然后根据设计的纹样剪（见图 5-17），细节部分还可以用刻刀，剪刻结合（见图 5-18）。

剪纸对称

图 5-17　对称剪纸纹样

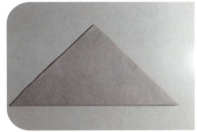  

图 5-18　对称剪纸步骤

（2）二方连续纹样剪纸：多次对折，画一个左右连接的纹样，剪好后展开即成（见图 5-19）。

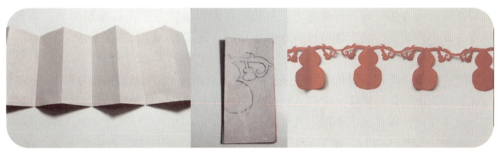

图 5-19　二方连续纹样剪纸步骤

（3）多角纹样剪纸：将正方形纸以心点为轴，对折两次或多次，画左右连接纹样，再剪形展开（见图 5-20、图 5-21）。

剪纸四折

  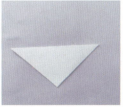 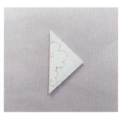

图 5-20　四折剪纸步骤

图 5-21　四折、六折、七折、八折剪纸纹样

4. 按用途分类

剪纸按用途不同可分为以下几类。

（1）张贴：即直接张贴于门窗、墙壁、灯彩、彩扎之上为装饰，如窗花、墙花、顶棚花、烟格子、灯笼花、纸扎花、门笺。

（2）摆衬：即用于点缀礼品、嫁妆、祭品、供品，如喜花、供花、礼花、烛台花、斗香花、重阳旗。

（3）刺绣底样：用于衣饰、鞋帽、枕头，如鞋花、枕头花、帽花、围涎花、衣袖花、背带花。

（4）印染：即作为蓝印花布的印版，用于衣料、被面、门帘、包袱、围兜、头巾等。

（二）基本技法

1. 剪纸五要素

剪纸基本技法五要素是圆、尖、方、缺、线。要达到剪圆如秋月，饱满圆润；剪尖如麦芒，尖而挺拔；剪方如瓷砖，齐整有力；剪缺如锯齿，排列有序；剪线如胡须，均匀精细。剪口整齐，既不留缺茬，又不能剪过头或剪坏别处。这是剪纸最基本的要求。

2. 剪纸的装饰纹样

剪纸的装饰纹样是许多民间剪纸艺人在长期的剪纸实践中总结出来的用于表现特定事物、美化事物块面的装饰纹样。常用的剪纸装饰纹样有云纹、月牙纹、锯齿纹、鱼鳞纹、旋涡纹等。通常在同一幅作品中会用上几种装饰纹样。

（1）云纹（见图 5-22）：指云有行云、朵云、团云、云气等。行云是朵云、团云被风吹动后才产生，有云头、云尾，云头绵绻，云尾飘动；朵云是比较静的云朵，团云的形状是朵云、行云的综合形状。

图 5-22　云纹

（2）月牙纹（见图 5-23）：是一种弯曲的宽窄、刚柔、长短不一的呈现月牙形的纹样。一般都是阴剪，短而灵便的线条，用来表现整个事物的形象。如衣纹和运动感等，或用几条

交列的月牙纹，就显得很有装饰性，在剪制时要有意识地强调它来增强作品艺术。

图 5-23　月牙纹

(3) 锯齿纹（见图 5-24）：是指两条直线相交形成锯齿状纹样，有长短、粗细、疏密、曲直、刚柔之分。例如，用坚硬、长短的锯齿纹表现树叶的边角和茎的针刺，用柔和的锯齿纹表现水灵的花与果，用刚健的锯齿纹表现动物的鬃毛，用圆实半弧形粗细的锯齿纹表现禽、鸟、鱼、虫的羽毛和鳞甲，用灵活疏密的锯齿纹表现人物的眉毛、胡须、飘洒的头发和服饰式上的褶皱等。其剪法如下：如果在内部，先在尖处开一长口，然后开剪，注意根尖之间距离相等，如果在外部就随着外形剪。

图 5-24　锯齿纹

(4) 鱼鳞纹（见图 5-25）：通常用来表现鱼鳞或类似的东西。

图 5-25　鱼鳞纹

(5) 旋涡纹（见图 5-26）：通常用来表现动物身上的皮毛，具有一定装饰性。

图 5-26　旋涡纹

【习题】
1. 运用剪纸的基本纹样和基本技法独立设计一幅剪纸作品。
2. 运用二方连续纹样剪一组小动物。
3. 学生分组用剪纸画作为题材来装饰教室的墙报。

参照范例，掌握剪纸制作规律，选择民族、戏曲、动画形象，设计制作成剪纸脸谱造型。

小　结

通过学习剪纸，学生能够领悟到民间艺术的魅力，熟练地掌握剪纸技法，为以后从事幼儿工作打下基础。

任务 2　剪贴画艺术

剪贴画可以利用各色彩纸，通过裁剪和粘贴将卡纸剪裁成适合的图案形状，再组合成完整的作品。通过构思、起稿、裁剪、拼贴、组合等方式，形成具有一定主题且有较强视觉冲击力的画面，使学生的思维能力、表现能力以及动手能力和创造能力得到提升。

剪贴画比剪纸的制作形式更加灵活，风格千变万化，或变形抽象，或写实具象，或卡通现代，或古朴民风，只要用心构思创作，每个人都可以做出独特的剪贴画。

剪贴画使用的材料有：各种易于剪切的纸，如包装纸、挂历纸、彩色卡纸、泡沫纸、瓦楞纸、自制染纸等。主要工具有：剪刀、花边剪刀、刻刀、白乳胶、圆规、尺子、橡皮等。

模块 5　平面纸工造型

一、剪贴画的表现方法

（一）几何形拼贴

把纸裁剪成不同的几何形进行拼贴，用这种形式制作的剪贴画，拼贴自由、灵活，造型生动有趣（见图 5-27～图 5-29）。

图 5-27　几何形拼图

图 5-28　几何形拼贴动物

图 5-29　几何形拼贴画

（二）剪纸拼贴

运用剪纸技法剪出所需纹样，再拼贴组合画面。作品装饰性强，有剪纸的刀味（见图 5-30～图 5-32）。

美术基础与手工制作

图 5-30　花卉剪贴画

图 5-31　剪纸拼贴画（1）

图 5-32　剪纸拼贴画（2）

（三）圆形拼贴

利用工具把纸剪成各种大小的圆形，配合折叠方法，粘贴成不同造型组成各种有趣画面（见图 5-33~图 5-36）。

图 5-33　圆形拼贴部件

图 5-34　圆形拼贴画《鱼》

模块 5　平面纸工造型

纸贴画小老虎

图 5-35　拼贴图（1）　　　　图 5-36　拼贴图（2）

（四）剪贴画

合理利用材质特点，依据画面所需进行剪贴，质感的不同会装饰出独特的味道（见图 5-37~图 5-39）。

图 5-37　贝壳类、树枝等剪贴画　　　　图 5-38　树叶剪贴画

图 5-39　卡纸、海绵质剪贴画

二、制作方法与步骤

（一）构思选材

制作剪贴画要依据主题来选择材料，根据材料特点进行构思创作，要注意突出主题、分清主次。

（二）画图剪形

在不同的材料上画取合适的形状，注意造型生动、完整。剪切时要注意剪切的技巧，做到手剪配合，收放有度，遵循由小到大规则，注意比例、色彩的搭配。

（三）粘贴整理

在每个零部件背面用白乳胶点几下，然后按照自己的构图准确、严谨地依次组合粘贴，整个粘贴完工后，再整体调整。

任务 3　平面纸工作品欣赏

剪纸的作品如图 5-40~图 5-43 所示。剪贴画的作品如图 5-44 和图 5-45 所示。

图 5-40　荷花

图 5-41　百鸟朝凤

图 5-42　龙

图 5-43　花鸟

模块 5　平面纸工造型

图 5-44　动物世界　　　　　　　　图 5-45　猴子捞月

【习题】

1. 以春、夏、秋、冬为题材，运用剪贴画的表现形式，根据材料的性质，分别剪切粘贴成一幅主题明确，色彩丰富的拼图作品。
2. 以各种小动物的可爱形象为题材，做一些头饰、手偶教具。
3. 利用废旧物品剪贴一幅以"保护环境，热爱大自然"为题材的剪贴画。

小　结

通过剪贴画艺术的学习，既锻炼了造型能力，又提高了色彩搭配能力，同时激发了学生学习手工的兴趣。

立体纸工造型

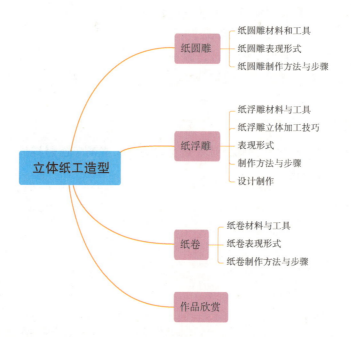

学习目标

了解制作纸工材料的特性。掌握纸工表现形式和基本技法。

重点

纸工的技法运用。

模块 6　立体纸工造型

> **难点**
>
> 运用纸工基本技法进行创作。

任务 1　纸圆雕

纸圆雕是利用块面的延伸与衔接将纸加工成立体造型，产生三维空间的立体视觉效果。它属于现代纸艺范畴，其形象高度概括、夸张，点、线、面有机结合。纸圆雕采用较硬的纸材，通过设计、制图、切制、黏合等手段，使其形成具有长、宽、高三维的立体形象。圆雕又称立体雕，是艺术在雕件上的整体表现，观赏者可以从不同角度看到物体的各个侧面。只有这样，圆雕作品才经得起观赏者全方位的"透视"。纸圆雕在生活中的应用更为广泛，无论是用于装饰还是教学，其作用远远大于平面造型（见图 6-1、图 6-2）。

图 6-1　纸圆雕作品 1

图 6-2　纸圆雕作品 2

一、纸圆雕材料和工具

材料：纸材。一般是120克以上的卡纸比较合适，色卡纸、水彩纸适合制作生活用品及动物、植物、人物等；硬卡纸、瓦楞纸等适合制作底盘以及房屋建筑等。

工具：剪刀、刻刀、圆规、直尺、白乳胶、泡沫、胶带、订书器等。

制作纸圆雕的技巧很多，常用的加工技巧有卷筒、卷棍、粘贴、插接、折叠等（见图6-3）。

图6-3　纸圆雕制作技巧

二、纸圆雕表现形式

1. 立体构成造型

立体构成也称为空间构成。立体构成是用一定的材料，以视觉为基础、力学为依据，将造型要素，按照一定的构成原则，组成美好的形体的构成方法。

立体构成造型是一种专有技巧练习，用来体验立体造型的规律，是筒状造型（见图6-4）和几何多面体造型最好的学习途径。

2. 仿生造型

仿生造型是指仿照实物形象，抓住其特征制作立体造型（见图6-5）。注意块、面的弯曲转折，点、线、面的有机结合，表现大的形象特点。造型要简洁生动、概括简练、线条流畅。

图6-4　企鹅　　　　图6-5　仿生造型

三、纸圆雕制作方法与步骤

1. 设计构思

根据表现主体，大胆设计构思，利用概括、夸张的表现手法，合理地选择材料

（见图6-6）。铅笔构图时就要充分考虑物体形象的转折变化与衔接。

图6-6　设计构思

2. 制图

要注意观察所表现的物体形象，分析其结构和比例关系。

3. 剪裁加工

例如，按图6-7所示，在需要折叠的部位用圆规画出折线，按照要求进行裁剪、镂刻等。

图6-7　制图

4. 黏合

用白乳胶或胶带黏合接口，为防止裂开，可用夹子等工具辅助完成（见图6-8）。

图6-8　黏合

5. 装饰整理

用彩色卡纸装饰细部，注意颜色搭配，再整体统一调整、完善。

【习题】
1. 按照纸圆雕的制作技法，设计制作几个动物的立体纸圆雕，如小兔、小鸡、小狗等。
2. 参照范例，尝试制作一个镂空多面几何体。

纸是纸浮雕的艺术表现材料，不同纹理、色泽的纸张赋予纸浮雕别致的艺术美感。因此，在制作纸浮雕前，收集富有特色的纸浮雕材料，根据材质的不同，发挥创造力。

小　结

选用纸圆雕材料，运用纸圆雕造型方法，制作喜欢的小动物。欣赏纸圆雕的艺术特色和审美情趣，感受纸圆雕独特的艺术魅力，提高学生发现美、创造美的能力。

纸浮雕是一种具有立体感、观赏性和实用性的造型艺术。它以纸为材料，利用工具塑型，运用不同的技法，如卷曲、切割、剪切、折叠、粘贴等手法，通过创作者丰富的想象力和创造力，制作出生动有趣、艺术感染力强、具有特殊立体凹凸感、极具独特视觉、图案变化多样、夸张效果的手工制作艺术品。

纸浮雕题材广泛，可表现人物、动物、植物以及各种抽象艺术形象。它制作工艺简单，表现力强，深受学生喜爱。制作纸浮雕提高了学生的动手技能，有利于开发学生的智力和艺术才华。目前，在幼儿园环境布置中，纸浮雕技能的应用也非常广泛。

一、纸浮雕材料与工具

纸浮雕的材料和工具比较常见（见图 6-9），具体如下。
材料：卡纸、瓦楞纸、包装纸及废旧彩色纸等。
工具：剪刀、刻刀、尺子、圆规、铅笔、橡皮等。

二、纸浮雕立体加工技巧

将平面的纸加工塑造成浮雕式的立体造型，纸浮雕的立体加工技巧如图 6-10 所示。
1. 剪刻
按照制作要求将纸立体加工，即将平面的纸塑造成浮雕式立体造型。

模块 6　立体纸工造型

图 6-9　材料与工具

图 6-10　纸浮雕立体加工技巧

2. 折叠
先画出所需图形，然后用工具画划痕，依据划痕折叠，使之产生凹凸起伏变化。

3. 弯曲
对纸进行加工，可用手或借助工具使之变形。

4. 切挖
以形剪切，再配以折、弯曲等方法，使之产生丰富的立体形态。

5. 按压
利用模具在纸上按压出需要的图形，产生立体效果。

6. 其他技巧
通过扎、染、撕揉、编织、揉皱、点烧等技巧（见图 6-11），巧妙地利用各种材料的特征，对纸进行造型技巧综合运用，使之色彩、质感更加丰富。

图 6-11　其他技巧

三、纸浮雕表现形式

（一）抽象纸浮雕

抽象纸浮雕不表现具体形象，经提炼表达的画面产生一定意境和韵味（见图 6-12）。

图 6-12　抽象纸浮雕

(二) 具象纸浮雕

具象纸浮雕指参照实物，制作有具体形象和特征的纸浮雕，追求层次感、浮雕感的仿真效果（见图 6-13）。

图 6-13　具象纸浮雕

四、制作方法与步骤

制作纸浮雕必须先对要表达的对象进行观察，掌握其形象特征，对形象进行提炼加工，

模块 6　立体纸工造型

用省略、夸张的艺术手法,制作出具有灵感、浮雕感的艺术形象(见图 6-14)。

1. 勾画造型

纸浮雕具有装饰功能,因此制作纸浮雕的画稿可创作、可临摹,画面以形体特征明确、层次鲜明为主。逐层画出所需物体形象。

2. 分部剪刻

按照形体比例剪切分割,注意部分衔接处要处理好。

纸浮雕视频

3. 立体造型

剪刻出的形体,运用纸浮雕造型技巧逐步加工成立体造型,先制作大面积,再搭配小装饰,逐层深入。

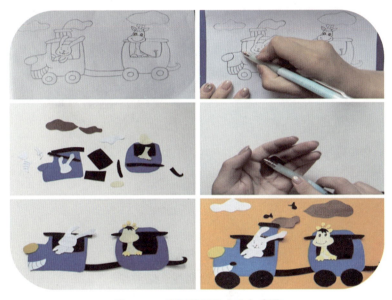

图 6-14　纸浮雕制作方法与步骤

4. 粘贴整理

将形体按照顺序依次组合粘贴,注意衔接部位。

5. 整体调整

所有部件粘贴完成后,从立体感、层次感、色彩等方面调整画面的整体效果。

【习题】

1. 运用纸浮雕的基本技法临摹一幅完整的作品。
2. 参照制作步骤做一幅简单的纸浮雕画。
3. 参照范例,临摹一幅有情节的纸浮雕画。

小　结

合理运用构图基础知识、扎实学习纸浮雕基本技法是创作纸浮雕作品的基础,在训练技法上多下功夫是提高纸浮雕创作的必由之路。

任务 3　纸卷

纸卷造型是一种立体造型。它利用各种材料的特性将线条贴于画面，构成以线条为主的、立体的、富有韵味的装饰画（见图 6-15、图 6-16）。

图 6-15　小熊

图 6-16　孔雀

一、纸卷材料与工具

材料：卡纸条、瓦楞纸、毛线、麻绳、金属线、皱纹纸。
工具：剪刀、长尺、裁纸刀、白乳胶。

二、纸卷表现形式

1. 线条贴画

根据画面需要选择合适的材料进行裁剪，或条状、或块状，拧成绳，卷成纸卷，并利用粘贴、编结等方法塑造贴画形象（见图 6-17）。

图 6-17　线条贴画

模块 6　立体纸工造型

2. 线条插画
参照编织的规律，在平面纸板上用纸条穿插编织而成（见图 6-18）。

3. 线条立体造型
将纸剪成条或搓成条，参照喜欢的图片做成各种立体造型。

按照由大到小、由前至后的制作规律制作所需要的形状。有背景的用薄抹的方法先制作背景，再厚贴制作前景（见图 6-19~图 6-21）。

纸圆雕小鸡

图 6-18　线条插画

图 6-19　坦克

图 6-20　龙猫

图 6-21　向日葵

三、纸卷制作方法与步骤

1. 构思设计
依据构思的图样选择合适的制作材料，要考虑材料的柔韧性及其他特性。

2. 加工制作

参照所需样稿，然后根据样稿把纸裁成长短不一的条状，借助辅助工具加工造型。

3. 编结粘贴

依据样稿，把所有零部件用白乳胶依次粘贴或者编结，粘贴顺序一般是先中间后两边，从底部到顶部。

任务 4 作品欣赏

立体纸造型作品如图 6-22～图 6-27 所示。

图 6-22　立体造型作品 1

图 6-23　立体造型作品 2

图 6-24　立体造型作品 3

模块 6　立体纸工造型

图 6-25　立体造型作品 4

图 6-26　立体造型作品 5

图 6-27　立体造型作品 6

【习题】

1. 用瓦楞纸制作一幅简单的纸条拼贴画。
2. 用衍纸制作 1~2 个立体装饰品。
3. 用厚卡纸制作一幅纸条插画。
4. 选择合适的材料,制作一幅以"我们去郊游"为题材的儿童浮雕式装饰画。

模 块 7

中国结编织

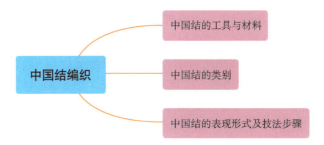

学习目标

1. 对中国结的文化内涵有一定的了解和认识。
2. 掌握中国结编织的技法与制作方法。
3. 能够运用材质、造型、色彩等方面的知识，对编织的中国结进行装饰与美化。

重点

编中国结的基本方法。

难点

能够熟练运用编中国结的规律。

中国结（见图7-1、图7-2）是中国的传统手工艺。它以丝绳等材料为载体，通过手工编绾而成，形状多样、寓意丰富。

图7-1　中国结1　　　　　　　　图7-2　中国结2

中国结始于上古先民的结绳记事。在隋唐时期，中国结作为装饰品发展到第一高峰。中国结也是宫廷中必不可少的装饰品。随着时间的推移，中国结不断地完善，清代迎来了中国结发展的第二高峰。这一时期，几乎所有的基本结都被普遍应用，变化的装饰也很多，如《红楼梦》中提及的"一炷香""方胜""连环""梅花"等都是当时流行的结饰名称。另外，中国结被装饰在许多日常用品上，如帽子、轿子、窗帘、扇子、香袋、发簪等。如今，这种古老的手工结艺已走进千家万户，装点着人们的生活。中国结不仅装饰美观，还带有吉祥祈福的含义。

任务 1　中国结的工具和材料

编织中国结的工具和材料（见图7-3）主要如下。

图7-3　材料与工具

绳材：斜纹线、玉线、如意线、腊线、金银线等。

模块 7　中国结编织

配饰：流苏、隔珠、金属珠子、翡翠珠子、水晶配饰、银配饰等。
工具：垫板、大头针、打火机、套色针、镊子、剪刀、双面胶、尖嘴钳等。

按照结形特点，中国结可分为两类：基本结和变化结。

一、基本结

基本结结体较为独立，大多数从头到尾只有一根线。另外，按能不能独立使用，又分为基本单结和基本辅助结。

（一）基本单结

基本单结结形对称、优美，结体紧密、完整，可单独使用（见图7-4）。

图 7-4　基本单结

目前常见的基本单结有：双钱结、平结、纽扣结、吉祥结、万字结、十字结、双联结、酢浆草结、三线酢浆草结、团锦结、绶带结、盘长结、藻井结、攀缘结、星辰结，如图7-5所示。

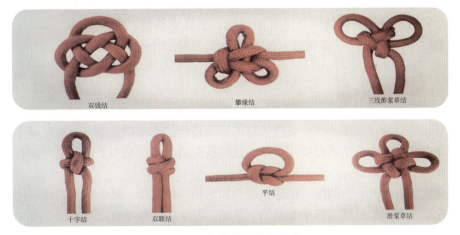

图 7-5　部分基本单结种类

（二）基本辅助结

基本辅助结结形相对较小，难以独立成结，一般和别的结或其他物品配合使用，或几个结连续编绾，才能出现效果（见图 7-6）。

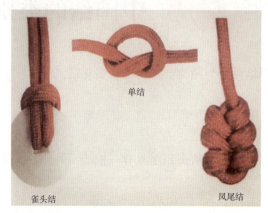

图 7-6　基本辅助结

目前常见的基本辅助结有：雀头结、穿带结、单结、左轮结、右轮结、圈圈结、凤尾结、露结、搭扣结、稻穗结。

二、变 化 结

变化结是在基本结的基础上加以变化，或是由几个基本结组合而成。很多变化结是古代流传下来的，有着美好的寓意。另外，按变化结的结构特点，又分为变化单结和变化组合结。

（一）变化单结

变化单结是在基本结基础上加以变化，或由几个同样的结紧密相连形成一个新的结构，常单独使用（见图 7-7）。

变化单结有：四手双钱结、庄严结、华鬘结、相生结、多耳翼吉祥结、磬结、六道盘长结、八道盘长结、十字盘长结、鲤鱼结、复翼盘长结、复翼磬结、十耳团锦结、复翼团锦结、龟结、如意结、网目结、复双钱结、发饰结、笼目结、十全结、绣球结、袈裟结等。

图 7-7　变化单结

（二）传统变化组合结

传统变化组合结（见图 7-8）是传统结的固定搭配。它可以是基本结搭配基本结、基本结搭配变化单结或变化单结搭配变化单结。这些搭配组合多数是为了以形似、谐音等方法组成富有吉祥寓意的结式。

传统变化组合结有：方胜结、琵琶扣结、灵芝结、蝴蝶结、蜻蜓结、鹤结、凤凰结、龙形结、法轮结、吉祥如意结、四季如意结、戟结、寿字结、喜字结、双喜结、春字结、福字结等。

图 7-8　传统变化组合结

（三）创新装饰结

创新装饰结是对传统中国结的结构进行创新，具有较强装饰性的结式（见图 7-9）。

创新装饰结有：复翼吉祥结、横藻井结、万字攀缘蝴蝶结、复星辰结、移位盘长结、复酢浆草结、五福结、六合结等。

（四）创新仿物结

创新仿物结指把不同的结式组合联结模仿植物、动物、物品等的结形组合（见图 7-10）。

图 7-9　创新装饰结　　　　图 7-10　创新仿物结

创新仿物结有：吉庆组合结、吉祥转经筒、吉祥金刚结等祈福物品；花卉、树木、果实等植物；十二属相、鸟、鱼、虫等动物；绣鞋、茶壶、字母、钢琴、花篮等物品。

任务 3　中国结的表现形式及技法步骤

一、基本辅助结

（一）单结

单结的结形小巧简单，应用广泛。它不仅可连接不同的结饰、用作首尾相接，也是编制复杂结结饰过程中的一个环节。取一根长 20 厘米的绳材，单结具体编制步骤如图 7-11 所示。

图 7-11　单结具体编制步骤

（二）雀头结

雀头结简单实用，应用广泛。它有着悠久的历史，象征喜上眉梢，心情雀跃。雀头结无法单独成结，需要依托一根轴心才能编。取两种颜色长 30 厘米的绳材，雀头结具体编制步骤如图 7-12 所示。

图 7-12　雀头结具体编制步骤

（三）凤尾结

凤尾结因其形如传说中的凤尾而得名。该结在编绾时要绕"8"字，又称"八字结"，寓意龙凤呈祥、财源茂盛。凤尾结结形小巧紧实，常用于结饰的收尾和装饰，也可编制成盘扣、手链、项链等。取长 50 厘米的绳材，凤尾结具体编制步骤如图 7-13 所示。

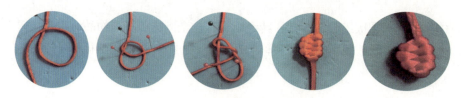

图 7-13　凤尾结具体编制步骤

二、基本单结

（一）十字结

十字结因其结形正面类似汉字"十"而得名。在中国的传统观念里，"十"寓意十全十美、吉祥圆满。十字结结形小巧简单，常和其他结搭配，或连续编成饰品。取长 50 厘米的绳材，十字结具体编制步骤如图 7-14 所示。

模块 7　中国结编织

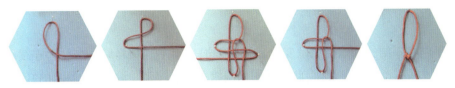

图 7-14　十字结编制步骤

（二）万字结

万字结的历史悠久，寓意万德圆满，万事如意。在编寓意吉祥的饰物时，万字结使用广泛。其编法简易快速，常用来搭配其他结饰。取长 50 厘米的绳材，万字结具体编制步骤如图 7-15 所示。

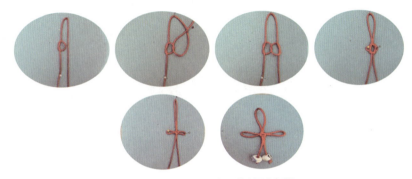

图 7-15　万字结的具体编制步骤

三、变化单结

（一）金刚结

金刚结的外形与蛇结相似，但比蛇结牢固紧实。在佛教文化中，金刚结是护身符的一种。取长 120 厘米的绳材，金刚结具体编制步骤如图 7-16 所示。

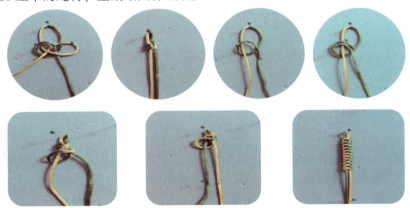

图 7-16　金刚结的具体编制步骤

（二）加线平结

加线平结在平结的基础上加以变化。辅助轴绳，用左、右起编法交替、连续编缉而成。寓意"长治久安""连年安康"，此结常用来编缉手链、腰带。取长80厘米的红色绳材作为编结绳，长30厘米的黄色绳材作为轴心绳，具体编制步骤如图7-17所示。

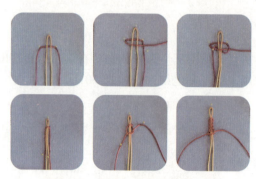

图7-17　加线平结具体编制步骤

四、传统变化结

圆形玉米结

玉米结因其形状像玉米，寓意收获和成功，编制玉米结时可以用单色绳也可用双色绳。取长50厘米的绳材，玉米结具体编制步骤如图7-18所示。

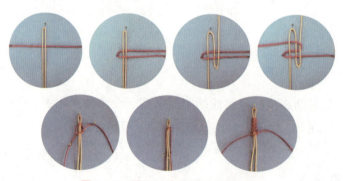

图7-18　圆形玉米结具体编制步骤

五、创新装饰结

1. 爱心结

爱心结的结形像爱心，让人联想到爱心，常被制作手链、项链等饰品，用于表达心意。取长50厘米的绳材，爱心结具体编制步骤如图7-19所示。

爱心结视频

模块 7　中国结编织

图 7-19　爱心结具体编制步骤

2. 横藻井结

横藻井结是藻井结的变化结，比藻井结简单些。取长 80 厘米的绳材，横藻井结具体编制步骤如图 7-20 所示。

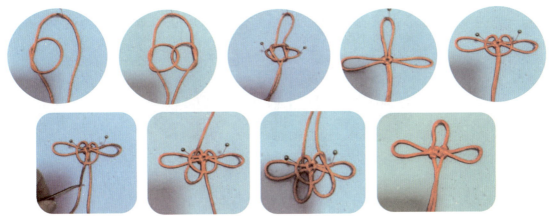

图 7-20　横藻井结具体编制步骤

3. 复翼吉祥结

复翼吉祥结是创新结，有双耳圈，结形更漂亮些，使原本庄重的结形多了一份俏皮。取一根直径 2.5 毫米、长 180 厘米的绳材，复翼吉祥结具体编制步骤如图 7-21 所示。

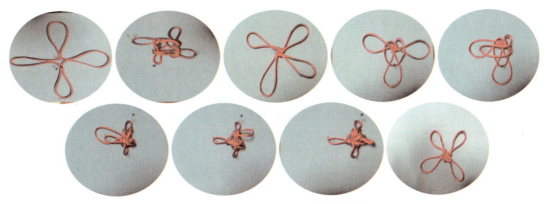

图 7-21　复翼吉祥结具体编制步骤

六、传统变化组合结

传统蜻蜓结是组合变化结中流传较广的,它由双线纽扣结、酢浆草结、四股辫组成。蜻蜓结结实美观,常用作胸饰、领饰的装饰。取长 120 厘米的绳材,传统蜻蜓结具体编制步骤如图 7-22 所示。

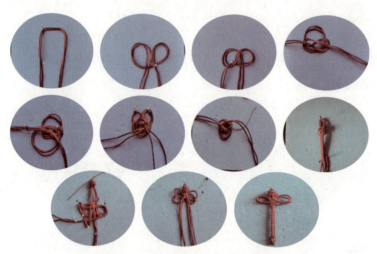

图 7-22　传统蜻蜓结具体编制步骤

【习题】

1. 取喜欢的绳材编制凤尾结。
2. 用双色绳材编制加线平结。
3. 尝试编制传统蜻蜓结。

小　结

中国结在我国传统文化中象征团结、和谐的人际关系。在丝丝缕缕的穿插缠绕中编就的中国结,没有金银钻玉的流光溢彩与华贵逼人,却向人们诉说着一种古老而纯洁的情怀,传递着一份心情、一份关怀、一份温馨。一根红绳三缠两绕编就出祝福与追求,也让人感受到中华民族传统文化的博大精深。作为美术教育工作者,我们不仅要努力地传播美术文化,同样要注意在自己的教学活动中努力培养学生和教师的创新能力、继承和弘扬民族文化。

模 块 8

泥塑

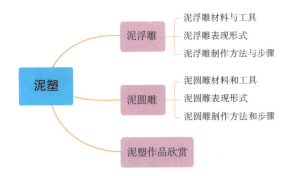

学习目标

1. 了解泥塑的艺术特点和制作规律。
2. 掌握泥塑的基本技法。
3. 培养学生在生活中发现美,并用自己双手美化生活的情趣,提高学生审美能力。

重点

泥塑技法的运用。

难点

利用简单工具,自己设计创作泥塑作品。

泥塑是我国古老的民间艺术。它以加工过的泥土为原料,运用揉、搓、捏、压、绕、刻等手法借助简单工具捏制而成。

泥塑艺术可上溯至新石器时代,几千年来,艺人们在软陶的基础上不断地研究并加以创新,演变至今,分为泥彩塑和面塑,泥彩塑作为我国传统的雕塑艺术形式,以黏土为主要原料,以手工捏制而成,大的彩塑如庙宇中的菩萨、神像,高几米,小的彩塑如"小泥人",高几厘米,大多为小孩玩具或工艺品摆设收藏。小型彩塑以无锡惠山泥人(见图8-1)和天津"泥人张"(见图8-2)最为著名。面塑俗称捏面人(见图8-3),以面粉为主要原料,加色彩,捏出各种生动活泼的飞禽走兽、花鸟虫鱼造型,材料干净,备受喜爱。

图8-1 惠山泥人

图8-2 泥人张

图8-3 面塑

泥塑也可分为泥浮雕与泥圆雕。泥浮雕和纸浮雕一样,只能单面看,装饰性强;泥圆雕立体感强,可四面观看。因为黏土操作起来不方便、不卫生,所以基本上用超轻黏土代替了黏土。超轻黏土可塑性强,可随心所欲地构思创作。不仅带来无穷的乐趣,还能锻炼学生肢体的灵活性,提高身体协调性并可起到开发学生心智、陶冶情操等作用。

任务 1 泥浮雕

泥浮雕是一种在平面上用凸浮手法塑造形象的雕塑。它是介于圆雕和绘画之间的艺术表现形式。浮雕与圆雕的不同之处,在于它相对的平面性和立体性。泥浮雕作品微妙的起伏带给人们的视觉感受是非常独特的。幼儿园常用浅浮雕的形式引导学生在平板上或是用具上制作作品，装饰性强又实用（见图8-4）。

图8-4 泥浮雕

一、泥浮雕材料与工具

泥浮雕视频

材料：超轻黏土、软陶、橡皮泥、黏土、纸板、瓦楞纸、塑料盘等。
工具：泥工刀、剪子、牙签、白乳胶、保鲜膜等。
泥浮雕的技巧主要体现在怎样把泥固定在底板上，同时又恰当地表现出造型，常用技法有抹、划、粘、印等（见图8-5）。

图8-5 泥浮雕常用技法

二、泥浮雕表现形式

（一）超轻黏土浮雕

超轻黏土是黏土的一种，无毒、不粘手、柔软性好、可塑性强，是一种健康、安全环保的手工艺材料（见图8-6）。超轻黏土浮雕可结合绘画、雕塑等多种技法制作，作品不需要烘烤，自然风干，干燥后不会出现裂纹。作品定型后可以用水彩、油彩、指甲油等上色，有很强的包容性。

（二）软陶泥浮雕

软陶泥是一种无毒、无味、无刺激的聚合性陶土（见图8-7）。用它做浮雕技巧灵活、层次丰富，能够表现出很细小的造型。制作后需要用电烤箱100 ℃～130 ℃烘烤，也可用水粉（水粉上色后需要刷一遍清漆固色）或是丙烯颜料上色，注意色彩搭配。成型后的陶泥作品色彩亮丽、造型生动、坚硬如陶。

由于陶泥用起来比较麻烦，所以幼儿园基本上都是采用超轻黏土或是橡皮泥作为手工材料。

（三）橡皮泥浮雕

橡皮泥（见图8-8）属于油泥，使用方便、色彩鲜艳，黏性强，取用方便，主要技巧是用手抹、贴、粘，辅助其他工具丰富肌理变化。橡皮泥制作的泥浮雕贴画简单易学，是泥浮雕的基础，它有独特的技巧性、趣味性、普及性，是其他泥工材料不可取代的。但是橡皮泥的缺点是其硬度会因为气温的变化而变化，冬天较硬，夏天较软，若温度不适不太利于手工操作。由于橡皮泥较软的特性，一般难以制作较大的立体造型。

图8-6 超轻黏土

图8-7 软陶泥

图8-8 橡皮泥

三、泥浮雕制作方法与步骤

（一）构思起稿

用铅笔在底板上简单构图，按照构图要求做到主次分明，画面整体布局均衡，事物大小适中。

（二）制作形体

按照由大到小、由前至后的制作规律制作所需要的形状。有背景的用薄抹的方法先制作背景，再厚贴制作前景。没背景的先制作大形，在大形的基础上再逐步捏塑小形。

（三）修饰细节

整理细节，根据需要使用工具修整。

【习题】

1. 用橡皮泥制作自己喜欢的浮雕画。
2. 用软陶泥按照制作步骤做一个小动物。

模块8 泥塑

泥圆雕

泥圆雕是用泥塑造物体的形象，与纸圆雕相同，可从各个角度环绕欣赏，只是材质用料不同，因而在制作过程中每一个面都要具有立体效果。泥圆雕在造型过程中充分利用了泥的可塑性和黏性，把立体形象通过艺术语言完美地表现出来，塑形时注意造型的体积感和空间感。泥圆雕制作可以提升人对空间的感知能力，培养人的立体思维、立体造型能力。

一、泥圆雕材料和工具

材料：超轻黏土、橡皮泥、软陶、瓷泥等。
工具：泥工刀、泥工板、毛笔、颜料等。
泥圆雕的基本技巧：切、包、卷、贴、剪、挑、绕、刻、捏、压、揉等（见图8-9）。

切 将搓好的长条黏土，用工具刀切断

包 将做好形状的黏土，用一个压扁的黏土包起来，可以做动物的眼睛等

卷 将搓好的条状黏土，一边卷起来，可以做动物的尾巴等

贴 将一小块黏土，用手指压贴在另外一块黏土上，可以做动物身体上的花纹等

剪 将做好的黏土，用剪刀剪出一些形状，比如动物的爪子、嘴巴和树叶等

挑 将揉好的黏土，趁还没干的时候，用牙签挑出一些肌理。这样的方法可以做一些毛茸茸的效果，如衣服领子、毛绒玩具等

图8-9　基本技巧

绕 将一细长条黏土，绕在粗的黏土条上，可做成蝴蝶或蜜蜂的身体等

刻 在做好形状的黏土上，用工具刀刻出纹样，可以做动物的脚、衣服的褶、树叶的叶脉等

捏 拇指和食指相配合，压挤已成圆球的黏土，将它挤压成方形等形状

压 用手掌按压搓好的圆形黏土，将圆球压扁，大的黏土可以用手掌压，小的可以用手指压

揉 将黏土放在手心里，两个手相对旋转，稍稍用力，即可揉成一个圆球。大团黏土用手心来揉转，小团的黏土用大拇指和食指揉

图 8-9　基本技巧（续）

二、泥圆雕表现形式

泥圆雕玫瑰花　　泥圆雕小兔子

（一）超轻黏土及橡皮泥

超轻黏土及橡皮泥的圆雕造型主要用于教育教学活动所涉及的造型技法，相对比较基础，也比较简单。练习从基本形体开始，也就是根据塑造物体的基本形状，将橡皮泥做成需要的圆球体、椭圆体、圆锥体等，运用泥塑的基本技巧，并在简单的工具辅助下完成各种立体造型。橡皮泥做的圆雕造型生动，色彩鲜艳（见图 8-10）。

图 8-10　小兔造型

（二）软陶泥塑

软陶泥制作的圆雕精致、漂亮。立体软陶的制作主要有拼图和捏塑两种技巧。拼图是将泥条、柱、片合理地组合成长条形，用刀一片片裁下来，得到若干同花色泥片，这是软陶独有的制作技巧，加强了软陶的表现力，可粘贴杯子、台灯、花瓶、人物造型、动物造型等。

（三）陶瓷泥塑

我国陶瓷历史悠久，早在原始社会的新石器时代，古人就烧制出了陶器，发展到商代，出现了一种原始青瓷。原始瓷器介于陶器与瓷器之间，是陶器向瓷器发展的过渡品。随着陶瓷制作工艺的进一步成熟，春秋战国时期，出现了1 200 ℃以上高温焙烧而成的青瓷，标志着瓷器登上历史舞台。唐代的越窑、宋代的官窑、哥窑、元代的枢府窑、明代的德化窑，以及清代的景德镇窑，都烧制出代表时代特征的、高水平的瓷器，与绘画艺术完美结合，同时也成为历代帝王外交馈赠的主要物品。

瓷泥立体造型技巧有捏塑、盘泥条、泥板拼接、拉胚等，它在制作过程中要求把握好泥的湿度和手的力度。制作瓷器需要经过拉胚、晾干、绘色、上釉、烧制等一系列程序，各种泥烧制温度不同，一般在800 ℃～1 200 ℃。烧制后的陶瓷器可以保存几百年甚至上千年。

三、泥圆雕制作方法和步骤

（一）构思设计

制作立体作品要先构思，对表现的对象进行概括取舍。用铅笔勾勒效果图，依图选择制作手法，如塑造熊猫可选择团球粘贴法，塑造鹿可用插接法等。

（二）捏塑形体

捏塑的步骤和绘画有相同之处，按照从整体到局部、由大到小、先骨架后细节的步骤制作。彩泥、超轻黏土、软陶的制作技巧比较灵活，自然黏土、陶瓷泥一般都是一整块泥慢慢捏塑造型，个别盘条、拼接等技巧有其特有规律。无论哪种立体泥塑，在加工过程中都要不停地调整立体效果。

（三）整理修饰

在大的骨架基础上进行细节部分加工，可加入肌理效果，添加小面积的形状，修饰整理表面。

（四）上色

黏土、陶瓷泥可进一步上色，注意选对专用材料。

（五）晾干或烧制

超轻黏土、彩泥直接晾干即可。黏土可直接晾干，也可晾干后上色烧制。软陶泥可在家用烤箱烤制。陶瓷泥需送到专业窑烧制。

任务 3　泥塑作品欣赏

泥浮雕和泥圆雕作品，如图 8-11～图 8-16 所示。

图 8-11　泥塑作品 1

图 8-12　泥塑作品 2

图 8-13　泥塑作品 3

模块 8　泥塑

图 8-14　泥塑作品 4

图 8-15　泥塑作品 5

图 8-16　泥塑作品 6

【习题】
1. 用超轻黏土制作常见的小动物形象。
2. 尝试用超轻黏土制作立体人物。

> **小 结**
>
> 　　利用黏土材料，运用传统的泥塑造型方法，捏塑学生喜欢的人物、动物或者景物形象，并通过泥浮雕了解民间传统艺术文化。欣赏泥塑的艺术特色和审美情趣，感受泥塑独特的艺术魅力，了解三维空间的塑造方法，培养学生的动手能力、造型能力和创造力。

模 块 9

布艺制作

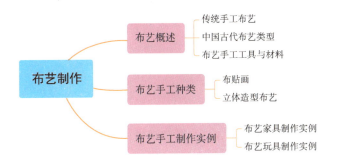

学习目标

（1）了解布艺材料的特性。
（2）学会布艺制作的基本技法。
（3）让学生掌握缝制、填充、捆扎等布艺制作方法，体验"变废为美"的乐趣。

重点

了解布艺在生活中的作用，培养学生的创新意识。

难点

掌握布艺制作方法，结合缝制、拼贴等方法，运用基本技法进行创作。

任务 1　布艺概述

布艺制作

手工布艺指的是传统意义上的布艺，即指布上的艺术，是中国民间工艺中一朵瑰丽的奇葩。

中国古代的民间布艺主要用于服装、鞋帽、床帐、挂包、背包和其他小件的装饰如头巾、香袋、扇带、荷包、手帕、玩具等。它是以布为原料，集民间剪纸、刺绣、制作工艺为一体的综合艺术。如动植物身上的装饰性的花卉等，都是通过剪和绣的工艺制作而成。这些日常生活用品不仅美观大方，而且增强了布料的强度和耐磨能力。现在，布艺有了另一种含义，指以布为主料，经过艺术加工，达到一定的艺术效果，满足人们的生活需求的制品。当然，传统布艺手工和现代布艺家具之间没有严格的界限，传统布艺也可以自然地融入现代装饰中。

一、传统手工布艺

缝纫刺绣在中国民间被称为"女红"。勤劳智慧的中国女性将自己美好的情感倾注入针缝制之中，风格或细腻纤秀、淡洁清雅，或粗犷豪放、色彩鲜明，创造出了无数动人心弦的布艺作品（见图9-1~图9-4）。

图9-1　传统布艺-老虎1

图9-2　传统布艺-荷包

图9-3　传统布艺-老虎2

图9-4　各类传统布艺

"图必有意，意必吉祥"。中国民间布艺多用一些象征性的图形，如使用花卉、虫鸟、植物等表达创作者祈盼吉祥、趋吉避凶的美好愿望；老年人的用品多用"福、禄、寿"题材，祝愿老人健康长寿；儿童用品常用老虎、"五毒"（蝎子、蛇、蜈蚣、壁虎、蟾蜍）等图案，以避邪镇恶，希望孩子像小老虎一样健壮；新婚夫妇用品喜欢用鸳鸯戏水、莲（连）生贵子、鲤鱼闹莲（象征婚姻和谐）等图案，期盼家庭美满、多子多福；姑娘送给情郎定情香包、手帕等，以蝴蝶翩翩起舞之形或并蒂莲花等图案含蓄地表达隐藏在姑娘心底的秘密，针针线线都浸染着爱慕之情。

二、中国古代布艺类型

中国古代的布艺主要有绣花、挑花、贴花等。

绣花的针法很多，有铺针、平针、散针、打子、套扣、盘金、辫绣、锁绣等。绣花因地域、风俗的不同也分不同的风格与流派。南方地区的织绣历史比北方长，技术较北方高，风格细腻雅洁；北方用针较粗，配色亮丽。

挑花又称十字绣，要求严格地按照面料经纬纹路，挑绣等距离、等长度的"十"字，排列成各种花纹图案的刺绣形式，有独特的变形吉祥几何纹装饰风格。刺绣时不伤布，能加强布料的耐磨损强度，此种针法适用于服装、手帕、头巾、围腰、门帘、窗帘等实用品，是刺绣中最早广为流传的一种针法。

布贴花是用小块的不同颜色布料拼接而成各种图案的刺绣手法，又称"补花"。我国古代民间有给小孩穿"百家衣"的习俗，即向乡邻收集各种颜色布料拼制童衣，取百家保护、护佑平安之意。

中国布艺代代相传，表现出创作者对生活的理解和渴望，倾注了人们无尽的智慧，具有鲜明的艺术特色。

三、布艺手工工具与材料

布艺制作常需要种类多且专业的工具，下面介绍的是布艺制作常用工具和材料。

（1）适合剪布的剪刀：长18~21厘米的剪刀是最佳选择，为了保持刀刃锋利好用，切忌拿来剪纸（见图9-5）。

（2）适合剪纸的剪刀：选用能够裁剪厚纸者（见图9-6）。

（3）直尺，软尺：这两种尺都可以度量布料的尺寸（见图9-7）。另外，直尺还可以用来在布上画线条。

（4）手缝针线：基本用针为3~5厘米；专门的手缝线韧性够且缝出的针目较为精致（见图9-8）。

（5）熨斗：整熨布料的好帮手，以中小型熨斗最适合（见图9-9）。

（6）胶枪：又叫热融胶枪，可以在五金店买到（见图9-10）。它只需短时间的充电加热，就可以快速牢固地黏合材料，通常用来黏合娃娃的头发。

（7）铅笔：在布上做记号用，最常使用的是2B铅笔。将笔芯削尖，用在细部画线更精准（见图9-11）。

图9-5 剪布的剪刀

图9-6 剪纸的剪刀

图9-7 直尺、软尺

图9-8 手缝针线

图9-9 熨斗

图9-10 胶枪

（8）水性笔：是颜料上色很好的工具，可以不用为涂出界而担心。通常用于描画娃娃的五官（见图9-12）。

图 9-11　铅笔　　　　　　　图 9-12　水性笔

（9）美术刀：可较整齐地裁剪出布料（见图 9-13）。

（10）胚布：透气性好，易于染色（红茶、绿茶等）。可制作玩偶、杂货（见图 9-14）。

图 9-13　美术刀　　　　　　图 9-14　胚布

（11）毛巾布：纯棉材料，吸水性佳，触感柔软，可制作玩偶（见图 9-15）。

（12）皮肤布：弹性适中，易造型，手感细腻，仿真度高，可制作玩偶（见图 9-16）。

图 9-15　毛巾布　　　　　　图 9-16　皮肤布

【习题】

哪些生活废品可以成为手工制作的材料？

知识拓展

手工制作

手工制作原本是个动词短语,但已经逐渐地被当作名词使用,意指一些自己动手的趣味性小项目或手工加工项目。手工制作的兴起,源于人们对儿时的怀旧和美好生活的向往,随着人们文化生活水平的不断提升和对精神文化生活的要求越来越高,手工制作、创意 DIY(Do It Yourself,自己动手做)及与其相关的周边产业日益繁荣,越来越多的人开始思考如何让手工制作 DIY 融入生活。一些中国传统的手工制作项目如剪纸、手工布艺等深受外国人喜欢,也因此促进了国内手工行业的发展繁荣,一些手工制作小作坊不断壮大,很多做起了进出口生意,为提高国内就业率和促进经济的发展做出很大贡献。

随着生活水平不断提高,中国女性对生活的质量要求也越来越高。虽然市场上琳琅满目的各种工艺品、生活用品越来越丰富,但是仍然满足不了人们个性化、情趣化的需求,于是一些以前因无法购买到或为节约开支才出现的传统手工越来越被都市女性们所追捧。

比如手工串珠、首饰制作、中国结等很容易购买到的生活用品仍然有大量女性愿意自己动手,尝试与众不同的手工制作。于是国内市场上应运而生了很多效仿国外但实为延伸中国传统工艺的 DIY 店铺,为客户提供手工制作所需要的原材料并提供制作和学习的场所,让有需求但没有制作条件的女性达成自己的愿望,如陶吧、不织布手工店、十字绣店等。

同时网络上也兴起一股 DIY 风潮,很多为都市女性提供手工制作、女红教程的 DIY 网站应运而生,门户网站也都或多或少地涉及手工教学方面的内容。

任务 2　布艺手工种类

一、布贴画

(一)布贴画概述

布贴画是手工装饰画的一种,源自民间艺术,是在古老的民间工艺——布艺上发展起来的一种新的手工制作。追溯历史,其始于唐代,"新贴绣罗襦,双双金鹧鸪",唐代诗人温庭筠在《菩萨蛮》中夸赞衣裙上贴绣之美。之后在民间流传,不断发展成为独具魅力的手工艺品。布贴画的造型、色彩都很独特,制作出来的效果是笔墨无法代替的。布贴画组合体现了美的时空、美的情趣,也体现了人的想象力、创造力。布贴画在创作时利用布料自身的肌理及独特的纹理图案作为创作元素,剪刀替代画笔,通过巧妙的剪、创造性的粘贴,看似无序堆集的各色花布会带给人们意想不到的艺术美感(见图 9-17~图 9-20)。

模块9　布艺制作

图9-17　刘雪玲作品1

图9-18　刘雪玲作品2

图9-19　刘雪玲作品3

图9-20　刘雪玲作品4

（二）布贴画制作步骤

1. 准备工作

首先，要按照颜色、质地，将布料进行分类放置，再对其进行清洗，除去油渍污垢。

其次，对那些褶皱不平的布料要用电熨斗熨烫，使其平整顺滑。

最后，用于制作作品中特殊部件的布料要进行上浆处理。方法是：将白乳胶兑上一定比例的水，搅匀后将布料放在胶水中浸泡一会儿，而后取出晾干备用。另外，在粘贴布料和拼装作品之前，一定要用清水将手清洗干净（见图9-21）。

2. 设计底图

底图的设计构思来源于两个方面：一是创作者将平时收集的各种图片、资料，加以吸收、改造，把那些适合做布贴画的内容留下，不适合的内容删除，缺少部分做适量添加。二是依靠作者对生活的观察、理解和对美的发现沉淀，经过反复构思，创作出全新的、反映作者艺术思想和功力的底图（见图9-22）。

3. 选配布料

按照作品底图的形状和艺人的创作构思，选配好所需的布料（见图9-23）。选配布料很关键，选得好会使画面增辉，选得不好会使画面黯然失色。

图 9-21　布贴画准备工作

图 9-22　布贴画设计底图

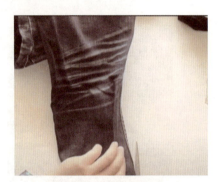

图 9-23　布贴画选配布料

4. 裁剪布料

选配好布料后，依照不同形状的内衬纸板，分别把布料裁剪好（见图 9-24）。

图 9-24　布贴画裁剪布料

5. 勾画着色

在制作布贴画过程中，常遇到手头布料的颜色、花纹不能很好地表现作品内容。此时，可以利用彩色笔或水彩在白色或单一色布料上进行勾画、着色，使其花色更加丰富多彩，达到深刻、准确反映作品内容的效果（见图 9-25）。

6. 装裱作品

完成作品后，待晾干，最后将其装裱起来就完成作品制作（见图 9-26）。

模块9　布艺制作

图 9-25　布贴画勾画着色

图 9-26　布贴画作品

二、立体造型布艺

（一）立体造型布艺概述

布的立体造型主要以各种布玩具为主，而布玩具是幼儿喜爱的玩具之一。其实，许多成年人也非常喜欢它们。书桌上、床上、沙发上都有它们的影子，既美化了房间，又给人们增添了生活的情趣。因此，它们不仅是幼儿的伙伴，也是室内精美的陈设品。

（二）布艺小鱼造型零钱包

（1）工具和材料：棉布、剪刀、针线、缝纫机、水消笔、尺子、大头针、纽扣、拉链等。

（2）首先裁剪各部分裁片，每部分有表布、里布、辅棉三片（见图 9-27）。

（3）按照辅棉、表布、里布的顺序叠放好各部位，注意表布和里布正面相对，里布反面向外（见图 9-28）。

图 9-27　裁剪各部分裁片

图 9-28　各裁片按顺序叠放

（4）各部分外沿边压线一圈，留反口（见图 9-29）。鱼背部分只压一条弧线，另外两边不压线，留着上拉链。

（5）压线完成后，在弧形处剪牙口（见图 9-30）。

美术基础与手工制作

图9-29　各部外沿边压线　　　　图9-30　剪牙口

（6）各部分从牙口翻到正面，藏针法将牙口缝合（见图9-31）。

（7）找到两片鱼背，上拉链（见图9-32）。

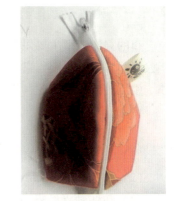

反面　　　　　　　　正面

图9-31　牙口缝合　　　　图9-32　鱼背反面与正面

（8）将两片鱼鳍夹在头和身体中间一起缝合（见图9-33）。

（9）用手针将拉链和鱼头拼合处的边缘卷针固定（见图9-34）。

　　　　　　　　反面　　　　　　　　正面

图9-33　缝鱼鳍　　　　图9-34　固定拉链和鱼头

模块9 布艺制作

(10) 将鱼尾固定在鱼肚子上（见图9-35）。
(11) 鱼头上订两颗黑纽扣做眼睛（见图9-36）。

　　反面　　　　　　　　　　　正面

图9-35　固定鱼尾

图9-36　订鱼眼睛

(12) 将鱼身鱼腹两片反面相对藏针缝合，拉链尾部收进鱼腹内固定（见图9-37）。
(13) 布艺小鱼零钱包完成（见图9-38）。

图9-37　布艺小鱼收尾　　　　　图9-38　布艺小鱼完成作品

【习题】

尝试做一个花朵造型的零钱包。

知识拓展

May Sterchi，美国编织艺术家，一位"70后"女生，出生于日本吉田市，从小就对田间和神社里的稻草和绳索编织的装饰物着迷。这些在她看来"最美的东西"，成为她的灵感来源，尽管May已经移民到美国圣地亚哥十年之久。

尽管May Sterchi没有受过任何专业的绳编艺术（Rope Art）培训，但开始结绳却已经有很长的时间，在她看来"结绳就是绳索"、曲线还有平衡。

2013 年，May 开设了自己的网络店铺（Himo Art），最开始选择黑白的绳编，通过自然流畅的绕线和曲折，她所编织的挂毯和装饰物，看起来像是书法笔迹。

线条和曲线，以及与之对应的流动，成为 May Sterchi 作品的标签，也让她的作品总带着循环、流动和东方式的韵味（见图 9-39）。

图 9-39　May Sterchi 作品

任务 3　布艺手工制作实例

一、布艺家居制作实例

（一）布艺收纳篮[①]

手工制作的布艺收纳篮（见图 9-40）尺寸为直径 11 厘米，高 4 厘米。

（1）裁剪布料件（每件都有不同的颜色），尺寸如下：两块花色布料和一件硬里衬，尺寸为直径 20 厘米圆（见图 9-41）；一块长布条，宽 5.5 厘米、长 34 厘米。

---

① 引用自儿童微刊《家居布艺》。

模块9 布艺制作

图9-40 布艺收纳篮

图9-41 步骤一

（2）把内衬布料和两块花色布料粘贴在一起，然后缝合三块布料，把外面的布料线头和内衬带侧向内，采用梳状线缝缝制，留下0.5厘米的缝边（见图9-42）。

（3）轻轻按住布，只持续菱缩口的周长，使篮口收缩为30厘米，然后再打结，完成制作（见图9-43）。

图9-42 步骤二

图9-43 步骤三

（4）宽5.5厘米、长34厘米的长布条用左手在篮筐周围固定，然后沿边缘0.5厘米的缝边缝合固定（见图9-44）。

（5）用藏针法，缝合收纳篮的篮子口，完成简易的布艺收纳篮制作（见图9-45）。如果要其他尺寸的篮子，需要裁剪布料尺寸如下：

图9-44 步骤四

图9-45 步骤五

小篮子：直径15厘米的圆形布，篮子带宽5.5厘米、长30厘米。

中号篮子：直径 20 厘米的圆形布，篮子宽 5.5 厘米、长 34 厘米。
次中号篮子：直径 25 厘米的圆形布，篮子带宽 5.5 厘米、长 44 厘米。

（二）紫色长方形纸巾套①

制作紫色长方形纸巾套（见图 9-46）需准备的材料有：紫色花布，紫色方格布，扣子 2 颗，绣线、PP 棉各适量。

（1）根据纸巾盒的尺寸大小剪出 2 条长方形布条，用作纸巾盒套的顶部布块（见图 9-47）。

（2）根据纸盒大小剪出 2 片长方形布条，用作纸巾盒套的侧面布块（见图 9-48）。

图 9-46　紫色长方形纸巾套

图 9-47　步骤一

图 9-48　步骤二

（3）根据纸盒大小剪出 2 片长方形布条，用作纸巾盒套的侧面布条（见图 9-49）。

（4）将步骤二与步骤三的布条如图 9-50 所示缝合在一起。

（5）将步骤一的 2 片布片如图 9-51 所示对折，并把一侧缝合。

图 9-49　步骤三

图 9-50　步骤四

图 9-51　步骤五

（6）图 9-52 所示为 2 片缝合好的布片。

（7）如图 9-53 所示，将每片的一侧包边。

图 9-52　步骤六

图 9-53　步骤七

---

① 引用自犀文图书《手工布艺基础技法》，浙江科学技术出版社，2012.

(8)包好边后两侧缝制在一起,然后与步骤四的完成布条缝在一起(见图 9-54)。
(9)缝制完后用布片把四周包边(见图 9-55)。
(10)系 2 个蝴蝶结,并缝制在如图 9-56 所示位置上。

图 9-54　步骤八　　　　　　图 9-55　步骤九　　　　　　图 9-56　步骤十

(11)开始做装饰物,首先剪出 2 片如图 9-57 所示的形状。
(12)将 2 片相对缝合一圈,后背剪一个 1.5 厘米的小口作充棉口(见图 9-58)。
(13)填充好 PP 棉(见图 9-59)。

图 9-57　步骤十一　　　　图 9-58　步骤十二　　图 9-59　步骤十三

(14)取 2 颗扣子作为玩偶的眼睛(见图 9-60)。
(15)把缝制好的装饰玩偶和纸巾盒套缝合在一起,一款可爱的纸巾盒套就完成了(见图 9-61)。

图 9-60　步骤十四　　　　　图 9-61　步骤十五

二、布艺玩具制作实例[①]

(一)小兔头笔筒

如图 9-62 所示的手工布偶造型,既可做笔筒又可做手机座,它的制作步骤如下:

[①] 引用自犀文图书《手工布艺基础技法》,浙江科学技术出版社,2012.

材料准备：米色、粉色、白色绒布，橘黄色、黑色、绿色不织布，纸壳筒1个，绣线、PP棉各适量。

（1）用白色绒布剪出玩偶头部布片（见图9-63）。

（2）将两块布片正面相对缝合，并剪一个2.5厘米的返口（见图9-64）。

图9-62　小兔头笔筒

图9-63　步骤一

图9-64　步骤二

（3）将它翻转过来，填充足够的PP棉（见图9-65）。

（4）用黑色线绣制出表情，并在脸颊上涂上腮红（见图9-66）。

（5）剪一朵小花并用胶枪粘贴在头部上（见图9-67）。

图9-65　步骤三

图9-66　步骤四

图9-67　步骤五

（6）准备1个筒杯形的纸壳（见图9-68）。

（7）根据纸壳尺寸剪出一块长方形布片和一块圆形布片（见图9-69）。

（8）将长方形布条对折后再把左侧面缝合（见图9-70）。

图9-68　步骤六

图9-69　步骤七

图9-70　步骤八

（9）将圆形底部和缝合后的布条缝合在一起（见图9-71），这样就做成了一个小布袋。

（10）将纸壳筒杯装进小布袋中（见图9-72）。

(11) 将多出的毛边向筒内折进去（见图9-73）。

图9-71 步骤九

图9-72 步骤十

图9-73 步骤十一

(12) 剪出相同尺寸的长方形里布和稍微厚一点的不织布各一块（见图9-74）。
(13) 将两块布的上下两侧如图9-95所示缝合。
(14) 将步骤13的里布对折后，并将一侧缝合（见图9-76）。

图9-74 步骤十二

图9-75 步骤十三

图9-76 步骤十四

(15) 将整个里布缝制好后直接放入筒杯中（见图9-77）。
(16) 将玩偶用胶枪粘在筒杯上，也可以用线缝上去（见图9-78）。

图9-77 步骤十五

图9-78 步骤十六

（二）迷茫长尾猴

迷茫长尾猴（图9-79）有可爱的表情、顽皮的动作，送给小朋友做礼物最合适不过了。制作步骤如下：

美术基础与手工制作

材料准备：杏色、米黄色绒布，黑色不织布，绣线、PP 棉各适量。
（1）准备好做猴子所需的工具（见图 9-80）。

图 9-79　迷茫长尾猴

图 9-80　工具

（2）剪出猴子各部位形状的布片，如图 9-81 所示（注：×2 代表剪相同的 2 块布片，×4 代表剪相同的 4 块布片，×2* 代表 2 块布片呈左右对称）。
（3）耳朵分 4 片，每 2 片正面相对缝合，并翻转过来（见图 9-82）。
（4）额头分 2 片，中间如图所示缝合（见图 9-83）。

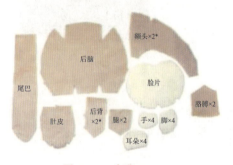

图 9-81　步骤一

图 9-82　步骤二

图 9-83　步骤三

（5）将脸片的褶子缝合起来（见图 9-84）。
（6）将脸片和额头片缝合起来（见图 9-85）。
（7）耳朵固定在脸片上（见图 9-86）。
（8）把后脑片的褶子缝合（见图 9-87）。

图 9-84　步骤四

图 9-85　步骤五

图 9-86　步骤六

图 9-87　步骤七

模块 9　布艺制作

(9) 将脸片和后脑片缝合在一起（见图 9-88）。
(10) 如图缝制猴子的尾巴（见图 9-89）。
(11) 把肚皮布片的褶子缝合起来（见图 9-90）。
(12) 将后背片缝合的时候把尾巴缝上（见图 9-91）。

图 9-88　步骤八　　　图 9-89　步骤九　　　图 9-90　步骤十　　　图 9-91　步骤十一

(13) 剪出脚片和腿片的形状（见图 9-92）。
(14) 如图 9-93 所示，缝合腿脚片。
(15) 剪出手片和胳膊片的形状（见图 9-94）。

图 9-92　步骤十二　　　图 9-93　步骤十三　　　图 9-94　步骤十四

(16) 如图 9-95 所示缝合胳膊片和手片。
(17) 将缝制好的胳膊、腿翻转过来，并填充好 PP 棉（见图 9-96）。
(18) 把腿和胳膊固定在肚皮片上（见图 9-97）。

图 9-95　步骤十五　　　图 9-96　步骤十六　　　图 9-97　步骤十七

(19) 将肚皮片和后背片正面相对缝合（见图9-98）。

(20) 将缝制好的头部和身体翻转过来（见图9-99）。

(21) 头部填充PP棉，先用黑色不织布剪出圆形眼睛缝制在脸上，再绣制出鼻子嘴巴（见图9-100）。

(22) 将身体填充好PP棉，并把头和身体缝合起来，一只可爱的长尾猴就完成了（见图9-101）。

图9-98　步骤十八　　图9-99　步骤十九　　图9-100　步骤二十　　图9-101　步骤二十一

（三）流氓兔

流氓兔（见图9-102）的具体制作步骤如下。

材料准备：白色、黄色绒布，棕色不织布，紫色方格布，白色绣线、PP棉各适量。

(1) 用不织布剪出兔子头部各部位的形状（见图9-103）。

(2) 剪出身体各部位的形状（见图9-104）。

图9-102　流氓兔　　　　图9-103　步骤一　　　　图9-104　步骤二

(3) 头部分2块，如图把褶子缝合（见图9-105）。

(4) 耳朵分4块，将红色布片与白色布片正面相对缝合，然后翻转过来（见图9-106）。

(5) 如图9-107所示将嘴巴的褶子缝合。

(6) 肚皮分2块，如图9-108所示正面相对缝合一半。

图9-105　步骤三　　图9-106　步骤四　　图9-107　步骤五　　图9-108　步骤六

(7) 后背分 2 块，首先把后背上的褶子缝合，然后正面相对缝合（见图 9-109）。

(8) 将 2 片耳朵对折，然后缝制在头中片上（见图 9-110）。

(9) 将侧脸部位和头中部位如图 9-111 所示缝合。

(10) 将缝制好的脑袋和嘴片缝合（见图 9-112）。

(11) 把腿部和胳膊缝合在肚皮片上（见图 9-113）。

图 9-109　步骤七　　图 9-110　步骤八　图 9-111　步骤九　　图 9-112　步骤十　　图 9-113　步骤十一

(12) 将缝制好的肚皮与后背正面相对缝合（见图 9-114）。

(13) 将头和身体接合并缝制起来（见图 9-115）。

(14) 翻转后的样子如图 9-116 所示。

(15) 填充好 PP 棉，注意嘴巴部位的 PP 棉要填充得稍微饱满点，其他部位均匀填充（见图 9-117）。

(16) 用藏针法把充棉口缝合，用黑色线绣出眼睛、鼻子（见图 9-118）。

图 9-114　步骤十二　图 9-115　步骤十三　图 9-116　步骤十四　图 9-117　步骤十五　图 9-118　步骤十六

【习题】

自己尝试制作一件家居用品。

 知识拓展

满族布艺是满族现存的"活态文化"

从民间喜闻乐见的民俗布艺制品到皇家服装、配饰等，都彰显了中国民间的文化符号，也成为承载中国老百姓生活追求的情感符号。满族服饰技艺涵盖甚广，如"盘扣襻""十八镶""镶边""掐线""裁剪"等满族传统美学因素。品种繁多、想象力丰富、含义深刻、手法新颖、形态各异的满族布艺，在寓意和布局上颇有讲究，大多与满族的风俗、生产、生活、居住地、气候等有着密切关系，形成了强烈的民间地域特色。满族布艺是研究满族历史文化、历史美学等方面的有力物证，值得关注和保护。

小 结

布艺制作是利用各种不同颜色的边角料,按颜色和设计好的轮廓,经过裁剪、粘贴、缝制、装饰,组合成立体感强、色彩鲜明、新颖别致、风格独特的布贴画或布艺品。它与幼儿的生活息息相关,是幼儿日常生活中熟悉的经验领域,蕴藏着丰富的教育资源,可以为幼儿提供一个广阔的探索空间,又为广大教师、家长和幼儿所喜闻乐见。因此,布艺制作不但可以促进幼儿在思维、操作、创造中得到全面发展,促进教师的专业成长,还能提高家长对幼儿教育的参与意识。

模 块 10

手工制作与幼儿园环境创设

学习目标

了解手工制作在幼儿园环境创设中的意义和作用。
掌握幼儿园环境创设的内容和设计要点。
学会运用各种材料和技法创设幼儿园环境。

重点

幼儿园环境创设的主要内容及设计要点。

> **难点**
>
> 运行材料技法进行创作。

任务 1　手工制作在幼儿园环境创设中的意义和作用

一、手工制作在幼儿园环境创设中的意义

幼儿园环境创设是指教育者根据幼儿园教育的要求和幼儿身心发展的规律、需要，充分挖掘和利用幼儿生活环境中的教育因素，并创设对幼儿有积极作用的活动场景，把环境因素转化为教育因素，促进幼儿身心主动发展的过程。

根据幼儿的身心发展规律以及幼儿教育教学的实际需要，利用各种手工制作，对幼儿园的环境作合理的设计和布置，创设整洁有序、与教育相适应的良好环境，是幼儿园实现教育目标，促进幼儿体、智、德、美全面和谐发展的必要条件。

二、手工制作在幼儿园环境创设中的作用

幼儿园环境创设应着眼于丰富幼儿的知识，增长幼儿的能力，激发幼儿的好奇心和求知欲。手工制作的作用具体表现在以下几个方面。

（一）美化环境，激发幼儿兴趣

手工制作的每一种艺术表现形式都需要精心构思作品意境、内容、布局、形状与色彩，可以装饰在幼儿园室内外各个环境中（见图10-1、图10-2），以培养幼儿感受美、欣赏美的能力。教育者应从尊重幼儿的审美兴趣、满足他们的审美需要出发，利用各种手工作品进行环境布置。

图10-1　环境创设的手工制作1

图10-2　环境创设的手工制作2

（二）创设环境，开展教育活动

在开展教育活动时，树立幼儿的主体地位，以培养幼儿发现美、表现美、创造美的能力。例如，在开展"秋天"主题活动时，幼儿可以把自己和家长一起搜集来的有关秋天落叶的图片和加工整理后的作品，展示在教室的四周墙面上，让人仿佛置身于秋天之中（见图10-3、图10-4），从而激发幼儿自主探究的欲望，培养热爱大自然、保护大自然的意识。像这样富有教育意义的环境不仅能激发幼儿的学习兴趣，还会让幼儿更加专注和投入，便于幼儿教师呈现学习内容，延伸学习活动，从而发挥其教育功能。

图 10-3　环境创设的手工制作 3

图 10-4　环境创设的手工制作 4

（三）丰富幼儿情感，促进社会认知

手工制作与幼儿园环境布置密切联系，无论是在手工制作的教学过程中还是在幼儿园环境布置的活动中，不仅培养了幼儿动手操作能力，还培养了幼儿良好的交流沟通能力以及团队合作精神。如手工制作的内容及其为环境布置营造的氛围、环境空间的安排以及手工材料的投放等，会通过影响儿童在交往过程中的情绪状态、交往对象的数量等来影响幼儿社会性的发展。例如，让幼儿在人数不同的手工制作小组中进行合作式学习（见图10-5、图10-6），使幼儿与同伴之间的沟通、竞争与合作更容易一些，也便于教师进行观察、倾听和记录；也可在教室墙面创设心情手工墙，满足幼儿在这个小空间里表达心情的需求，幼儿与同伴可以及时进行交流、互相安慰，使内心情感得到一种释放，教师也可通过心情墙时刻关注幼儿心理发展动态。

图 10-5　幼儿手工制作 1

图 10-6　幼儿手工制作 2

综上所述，充分利用手工制作，不仅可以美化幼儿园环境，为幼儿提供自主创设幼儿园环境的机会，使幼儿成为幼儿园环境建设的直接参与者，更能进一步提高幼儿园环境对幼儿的教育功能。

【习题】
思考你所见过的幼儿园环境创设都涉及哪些手工制作方面的内容？

环境创设是主题活动的补充与延伸，是对主题内容的深化与拓展。好的环境创设不仅能给予幼儿"润物细无声"的教育，也能让人从中看出主题进行的轨迹，加强思政教育，促进家园共育。例如，文中提到的有关秋天的主题，到处散落的秋叶，有红的、有绿的、也有黄的、更有黄中带绿的，孩子们平时就对地上的树叶很感兴趣，散步时或户外活动时总是不由自主地要去捡树叶，然后讨论、想象、发现、探索。生活中，孩子们会对一棵草，一片掉下来的树叶感兴趣，充满着好奇心。因此，选用秋天的树叶这个主题，不仅会发展孩子们的智慧，更激发了他们热爱大自然、热爱生活的美好情感。孩子们运用自己的感官发现秋天是多么神奇，秋叶飘落的动感美在孩子们无限遐想中变得多姿多彩，那飞舞的秋叶给孩子们提供了探索、发现和表达的空间。此外，利用班级空间，布置一个让幼儿可以观察、讲述、记录的主题墙，还可以结合秋天的水果、蔬菜、景色，还有孩子们亲身感受秋天的照片，丰富幼儿的生活经验，感受秋天的到来。

小 结

手工制作设计的内容要贴近幼儿生活，技法丰富，注重教育性、科学性与艺术性的结合，能引导幼儿在玩中学、在学中玩。利用手工制作创设出别具一格的，集知识性、游戏性与可操作性为一体的幼儿园环境创设内容。

任务 2 幼儿园环境的创设

幼儿园环境的创设主要包括墙饰设计、区域角设计和玩教具设计。

一、墙饰设计

（一）幼儿园墙饰分类

幼儿园墙饰按设计性质的不同，可分为常规墙饰、主题饰墙和互动墙饰。

1. 常规墙饰

常规墙饰主要是针对幼儿园各区域场所设计的墙饰，主要包括各类宣传板（栏）、活动区墙饰（见图10-7）、洗手间墙饰、家园联系栏、作品展示栏、园内环境墙饰（见图10-8）等。一般情况下，常规墙饰使用的时间较长，因此对墙饰的整体性和装饰性有较高的要求。

图10-7　活动区墙饰　　　　　　　　图10-8　园内环境墙饰

2. 主题墙饰

主题墙饰主要是在幼儿园各班级教室中，以各学期相关教育内容为主题的各类墙饰，如教室主、副墙饰和各区角墙饰等（见图10-9、图10-10）。主题墙饰的设计要求主题鲜明突出，体现相关阶段教育内容，在教室整体的设计风格和内容上都要有明确的呼应和协调。同时，主题墙饰会因各时期教学目标的改变而频繁更换。

图10-9　主题墙饰1　　　　　　　　图10-10　主题墙饰2

3. 互动墙饰

互动墙饰是指让幼儿参与墙饰的准备和制作过程，师生互动，共同完成的一种墙饰制作形式。互动墙饰不仅是墙饰的美化布置，而是侧重于师生相互游戏的随机设计，以及引导幼儿参与展示的创意设计（见图10-11、图10-12）。互动墙饰以幼儿发展的需要为目的，紧紧围绕教育目标和教学内容，发挥幼儿的主体作用，从而最大限度地发挥墙饰的教育作用。

（二）幼儿园墙饰的设计要点

教师在设计幼儿园墙饰时，不仅要努力为幼儿构建一个愉快的视觉体验场所，而且要积极引导和支持幼儿的游戏及各种探索活动。幼儿园墙饰的设计具体来说，要注意以下几点。

图 10-11　互动墙饰 1　　　　　　图 10-12　互动墙饰 2

1. 应符合幼儿的心理特点

在设计幼儿园墙饰时，首先应考虑从幼儿的兴趣、爱好出发，针对幼儿的认知特点与接受能力，在造型和色彩上顺应幼儿对事物认知的发展规律，力求使墙饰符合幼儿的心理特点。在选择墙饰内容时，为吸引幼儿注意力，可多使用夸张、比喻、象征、抽象等手法的装饰画面，还应根据各年龄班幼儿的特征，结合各阶段教育的内容及各方面因素进行综合考虑，使墙饰内容既生动富有童趣，又能紧密结合幼儿园的教育教学，凸显实际的教育功能。例如，在"京剧——中国国粹"的主题墙设计中，教师指导幼儿设计脸谱、画脸谱，并把幼儿的作品粘贴在墙面上（见图 10-13）。不仅让幼儿在活动中了解京剧是中国的国粹，而且还培养了幼儿的爱国情怀，增强民族自豪感。如图 10-14 所示墙饰中，巧妙使用了幼儿在新年里熟悉的年夜饭、窗花、红包等元素。

图 10-13　主题墙《国粹》　　　　　　图 10-14　主题墙《喜迎新年》
中国元素：手绘脸谱、青花瓷　　　　　中国元素：窗花、对联、鞭炮、年夜饭
材料：超轻黏土、卡纸、纸浆、颜料　　材料：超轻黏土、红宣纸、卡纸、拉花

2. 构思要新颖，立意要独特

幼儿园墙饰设计既要表现具体事物，又要让人印象深刻，便于识别记忆。因此，其结构布局要雅致清新，应巧用色彩、肌理等对比手法加强视觉效果，使墙饰设计醒目而富有情趣。可多用添加、排列、巧合、重复、夸张、变形、归纳等装饰手法，提炼、简化物象的造型，构图上尽可能简洁大方，注重画面结构、明略、点线的穿插和组合，寻求意趣的独特性。

模块 10　手工制作与幼儿园环境创设

3. 注重画面构图、情节的对比

利用形式上的对比表现内容上的对比，也是绘画中常用的技巧手段。墙饰设计的韵律感和节奏美可以从对比与协调中产生。画面中冷与暖、大与小、疏与密、白与黑的对比，在视觉中展现出抑与扬、强与弱、虚与实、明与暗的反差；而情节设置的缓与急、简与繁、美与丑、喜与悲，则能营造出平和与动荡、简约与富丽、高尚与卑微、欢乐与忧郁等情感感受。

4. 应用多样的装饰手法与材料

墙饰设计要善于利用多种装饰手法，如夸张、变形、拟人等，使形象更加生动、逼真，满足幼儿的视觉感受。但要注意的是，变形的幅度、夸张的程度要恰到好处，过度则显荒诞。如图 10-15 所示的作品中，各个小动物的形象大胆运用夸张、拟人的手法，使其生动可爱，深入人心。采用动静结合，粮仓的门是可以打开的，满足孩子的探索欲望。

同时还要善于利用各种材料，采取多种形式进行构图，如利用树叶（见图 10-16）、布条、豆类做各种剪贴画，也可利用彩绳、桔梗、毛线、树枝、铁丝等塑成各种造型。这样的墙饰不仅内容丰富多样、形式活泼可爱，给人以新鲜感与真实感，而且可以给幼儿以美的享受，丰富其内心世界，使幼儿的性格、情感都得以陶冶。

图 10-15　主题墙作品《冬眠大揭秘》
材料：纸板、卡纸、颜料

图 10-16　主题墙作品《墨韵》
材料：卡纸、树枝、干花、纸扇、一次性纸杯、颜料

5. 力求与整体环境相协调

幼儿园墙饰是幼儿园整体环境的一部分，构思设计时需要在立意、构图上明确整体环境的基调，力求壁面装饰与周围的自然环境和人工环境（包括室内装修）相协调。例如，走廊和睡眠室的整体装饰风格与活动室相比要沉静一些，装饰不宜太花哨。

6. 提升整体设计意境

在追求意境时，可以从选材、修饰、变形、设色、材料、技法等方面入手，在作品里融入自己的思想情感，同时注意整体视觉效果的呈现，既要再现自然状态，又要比现实的景物更强烈集中、更典型，要提炼出现实的美，这样才能起到陶冶幼儿性情、激发求知欲望和鼓励探索精神的作用。

二、区域角设计

区域角也称兴趣角或活动区角，是幼儿园在活动室内、外设置的，让幼儿通过自身活动主动地练习、巩固原有的知识，并获取知识经验，使幼儿获得自主发展的场所。

区域角活动是一种以"幼儿的发展"为出发点和归宿的教学活动，教师根据活动目标、幼儿需求，选择设计多种活动内容，以材料的形式呈现给幼儿。教师应根据不同年龄班幼儿的发展水平和活动需要，合理安排适宜的活动区，设计独特的空间布局，并投放合适的操作材料。

（一）幼儿园常见区域角的环境创设

1. 生活区

生活区主要是通过各种生活模仿性操作与练习，发展幼儿编、系、扣、穿、夹等基本生活操作能力。图 10-17 和图 10-18 所示的两位小朋友正在生活区域活动中，利用毛线创作，不仅发展了编、系等动手能力，也培养了想象创造能力。

图 10-17　编织花瓶与花朵

图 10-18　编织娃娃

生活区其他作品如图 10-19~图 10-21 所示。

图 10-19　系鞋带

图 10-20　穿珠子

图 10-21　编纸条

2. 语言区

语言区主要是通过图书、图片、手偶等的观察、操作、拼摆等讲述活动，发展幼儿的观察能力和语言表达能力（见图 10-22~图 10-25）。幼儿园区域活动中的语言区布置，除了有各种适合幼儿阅读的图书，墙面上还有手工制作的各种提示牌，如好书推荐，阅读流程等，给幼儿提供一个良好的阅读环境。

3. 美工区

美工区主要是通过撕、贴、剪、画、捏、做等美术操作表现活动，发展幼儿的动手操作能力及欣赏美、表现美和创造美的能力（见图 10-26、图 10-27）。

模块10 手工制作与幼儿园环境创设

图 10-22　语言区墙饰 1　　图 10-23　语言区墙饰 2　　图 10-24　语言区墙饰 3　　图 10-25　语言区墙饰 4

图 10-26　折纸

图 10-27　泥塑

4. 科学区

科学区主要是通过各种科学小游戏及数学操作活动，从小培养幼儿对科学探索的兴趣，发展幼儿数学能力和动手能力。图 10-28 是模拟幼儿园环境创设设计的益智区活动。

5. 建构区

建构区主要是利用积木、酸奶盒、易拉罐、纸盒等进行的建构游戏活动，培养幼儿的空间知觉，发展幼儿的空间想象力、动手操作及交流合作能力。图 10-29 中，幼儿正在用纸板，易拉罐搭建路面、桥梁。图 10-30 是用纸筒、纸箱、积木等搭建的楼房。

6. 角色游戏区

角色游戏区要是通过扮演角色，模仿各种社会活动，帮助幼儿学习各种社会性行为，发展交往能力，培养幼儿的主动性、独立性和创造性，促进幼儿社会性的发展。这类游戏主要有：开心娃娃家、小小美发屋、娃娃超市、快乐美食城、快乐小吃吧、小医院等。

图 10-31 是角色表演区，幼儿带上小动物的帽饰一起做游戏、讲故事。

图10-28　科学区墙饰　　　图10-29　建构区活动　　　图10-30　建构区环境创设

图10-32是角色游戏区，幼儿可以模拟甜品屋场景进行有趣的游戏，以培养幼儿语言沟通、人际交往、团结协作等能力。

图10-31　角色游戏区活动

图10-32　角色游戏区环境创设

7. 自然角

自然角主要是通过栽培植物、饲养小动物等养殖活动，激发幼儿对自然的兴趣，引导幼儿认识自然、融入自然，培养幼儿的观察、探索和操作能力。

在图10-33所示的自然角的环境创设中，不仅展示种植了多类植物，还利用纸板、卡纸、布料等模拟大自然中树木、树叶、动物制作各类形象，让幼儿有身临其境的感受。

（二）、区域角的设计要点

1. 活动内容的设置要具有教育性

教师要以教育目标和本班幼儿的实际发展水平为依据，有目的、有计划地选择合适的内容和主题，创设合适的活动区环境。

模块 10　手工制作与幼儿园环境创设

图 10-33　自然角环境创设

2. 活动内容的开展要促进全体幼儿的共同发展

在大、中、小班的区域环境创设中，要以幼儿的年龄特征为出发点，同时还要注重个别差异，科学、有效地制订活动目标，设置多样化的区域内容，投放合适的活动材料。

3. 活动材料的投放要具有动态性

教师要以教育活动和教育目标的推进作为依据，循序渐进地更新材料，运用大量生动、形象的刺激物，不仅让幼儿能多次尝试探索，保持学习兴趣，也能促使幼儿获得持久的发展。

三、玩教具设计

幼儿园环境创设中，自制玩教具也不可缺少。《幼儿园教育指导纲要（试行）》中指出，"环境是重要的教育资源，应通过环境的创设与利用，有效促进幼儿的发展"。创设丰富的教育环境需要大量的玩教具，需要在室内、室外不同的区域投放不同的玩具与材料，以满足不同兴趣与能力的幼儿发展的需要。然而，仅仅靠购买的玩教具是远远满足不了幼儿需要的。为幼儿创设良好的教育环境，需要自制适宜的玩教具，以满足不同幼儿的多种发展需要，促进幼儿健康全面地发展。通过自制玩教具，不仅可以使环境的主题与教学需要相契合，同时，将幼儿的自制玩教具运用于环境中，可以增强幼儿的成就感，并可加强幼儿的班级归属感。

（一）玩具与教具

玩具与教具在幼儿园的各项教育活动中不可或缺。对教师而言，在教学活动、游戏活动或户外活动的组织中恰当地运用玩教具，能够激发幼儿的求知欲，提高幼儿的学习兴趣，达到良好的教学效果；对幼儿而言，玩教具能促进他们的感知觉、语言、动作技能和技巧的发展，培养幼儿的观察力、注意力、想象力和思维能力，开阔其视野，激发其欢乐情绪，培养其良好品质。

（二）玩教具分类

通常，根据制作材料的不同，幼儿园玩教具可分为以下几种。

1. 纸材料玩教具

图 10-34 为用卡纸、颜料等制作的各类帽饰、日历牌、摆设等。

图 10-35 为用各色卡纸制作的各种手偶表演教具及数学教具。

2. 泥材料玩教具

在"认识昆虫""神奇的海洋生物"主题活动中，利用超轻黏土制作各类昆虫及海洋生物海洋生物（见图 10-36）。

图 10-34　纸材料玩教具作品 1

图 10-35　纸材料玩教具作品 2

图 10-36　泥材料玩教具作品 1

在区域活动"甜品屋"中，用超轻黏土制作各式精美的糕点，深受幼儿喜爱（见图 10-37）。在主题墙"春节美食"设计中，用超轻黏土制作富有中国特色的食物（见图 10-38）。

图 10-37　泥材料糕点　　　　　　　图 10-38　泥材料食物

3. 布材料玩教具

例如，用不织布制作的各种手偶（见图 10-39）、幼儿绘本（见图 10-40）、小笔筒

（见图10-41）和甜甜圈（见图10-42）。

图10-39　手偶

图10-40　幼儿绘本

图10-41　小笔筒

图10-42　甜甜圈

4. 废旧材料玩教具

例如，用易拉罐（见图10-43）、废旧纸箱（见图10-44、见图10-45）、塑料袋（见图10-46）和一次性纸杯（见图10-47）等废旧材料制作玩教具。

图10-43　易拉罐制作汽车

图10-44　废旧纸箱制作玩具

图10-45　各类废旧纸箱制作动物

图10-46　塑料袋制作裙子

图10-47　一次性纸杯制作墙饰

5. 自然材料玩教具

例如，用各种树枝、藤条制作墙饰、玩具（见图10-48）。

（三）设计制作玩教具的要点

1. 保证安全性与清洁性

由于幼儿年龄小，缺乏生活经验，因此，幼儿的玩教具应该绝对安全、无毒，不易破碎，无尖锐棱角，便于清洗、消毒。一般可选择多种材料制作幼儿玩教具，如布头、木头边角料、纸、塑料、竹子、稻草、瓜果、泥沙等（见图10-49、图10-50）。

图10-48　自然材料制作玩教具

各种纸张　　　　　　　　　　　　　纸箱

图10-49　纸材料

麻绳　　　　　　　　　　　　　豆类

图10-50　玩教具材料

2. 注重教育性、科学性与艺术性的结合

自制玩教具的教育性应具有促进不同年龄段幼儿身心全面发展、启迪幼儿智力、助力教学活动的功能。配合教学活动的教具除讲究形象逼真、色彩鲜艳外，也应符合科学原理，有助于幼儿认识事物，掌握正确的概念和知识；同时，还应突出重点，一物多用。自制玩教具的艺术性是指在有教育性和科学性的前提下，使玩教具的形象生动、色彩鲜明、幽默并略带夸张（见图10-51），这样才能激发幼儿对美的追求，让他们想玩、爱玩、百玩不厌。

3. 体现趣味性与创新性

玩教具的"趣味性"要求教师以幼儿为中心，体味"童心""童趣"，力求以丰富多彩的造型、色彩、声响吸引幼儿，做到好看又好玩（见图10-52）。同时，在玩教具制作过程中需要发挥教师的创造力，体现新颖构思，在玩教具外形、结构、使用方法以及所用的材料等方面要"推陈出新"。

图 10-51　自制玩教具 1

图 10-52　自制玩教具 2

4. 兼具可自制性和可玩性

利用废旧材料制作玩教具，应力求简单、操作方便，避免因细节烦琐造成制作上的困难。玩教具是给幼儿玩的，那种只能摆设、过于精致的玩具一般应用价值不大，教师常会因制作时花费的时间多、容易坏而舍不得给幼儿玩。这样，许多好看但不耐玩的玩具就被锁在玩具柜里，成了摆设，失去了玩具的作用，应当大力提倡使用废旧材料制成的、制作和使用都方便的玩教具（见图 10-53）。

图 10-53　自制玩教具 3

> **小　结**
>
> 　　幼儿园环境创设中，不论是墙饰、区域角还是玩教具的设计，都需要根据活动目标、幼儿年龄特点、幼儿需求进行设计。设计多种活动内容，才能达到教育目的，促进幼儿的身心发展。

【实训】

模拟实训——区域活动环境创设

实训目标：

1. 培养学生根据幼儿特点选择区域活动内容的能力。
2. 培养学生的创意构思设计能力及动脑动手能力。
3. 培养学生团队意识与合作能力。

实训要求：

1. 小、中、大班幼儿的身心发展特点不同，因此区域活动的数量和内容也不相同，要求学生任选一个班级模拟为其设计一个合适的区域活动，内容自定。
2. 将全班学生分成若干小组，每组5~7人，每组选定一名组长。
3. 组长组织本组组员选择区域内容，组织各组成员进行交流和讨论，运用创意构思和发散思维，共同完成本组任务。
4. 作品完成后，每组派一名代表分享本组的区域活动设计意图。

评分标准：

评分项目		分值	实际所得分值
设计方案	科学性	20	
	创造性	20	
	可操作性	20	
分享过程	讲解生动	20	
	表现自如	20	
合计		100	

优秀作品展示（见图10-54~图10-61）。

模块 10　手工制作与幼儿园环境创设

图 10-54　中班　益智区

图 10-55　中班　角色游戏区《甜品屋》

图 10-56　大班　科学区

图 10-57　中班　美工区

图 10-58　小班　娃娃家 1

图 10-59　小班　娃娃家 2

美术基础与手工制作

图 10-60　大班　自然角

图 10-61　大班　自然角

参 考 文 献

［1］李贞. 幼儿园环境创设［M］. 镇江：江苏大学出版社，2013.
［2］成燕，杜娟，孟玥. 幼儿园环境创设［M］. 长沙：湖南师范大学出版社，2019.
［3］王燕. 幼儿园玩教具制作与环境创设［M］. 北京：人民邮电出版社，2014.
［4］唐建. 探讨绘画色彩中光与色的变化规律［J］. 美术大观，2007（10）：44.
［5］约翰内斯·伊顿. 色彩艺术［M］. 杜定宇，译. 上海：上海人民美术出版社，1985.
［6］钟智梅. 色彩对手工制作的影响［J］. 科学时代，2011（7）：89-91.